目录

甜甜圈中间的洞是什么味道呢？

[日]小川糸 著

段白 译

图书在版编目（CIP）数据

甜甜圈中间的洞是什么味道呢？ /（日）小川糸著 ；段白译. -- 武汉 : 长江文艺出版社, 2025. 8. -- ISBN 978-7-5702-0395-6

Ⅰ. I313.65

中国国家版本馆 CIP 数据核字第 20257308YR 号

甜甜圈中间的洞是什么味道呢？

TIANTIANQUAN ZHONGJIAN DE DONG SHI SHENME WEIDAO NE?

责任编辑：王乃竹　　责任校对：程华清

封面设计：胡冰倩　　责任印制：邱　莉　胡丽平

出版：长江出版传媒 | 长江文艺出版社

地址：武汉市雄楚大街 268 号　　邮编：430070

发行：长江文艺出版社

http://www.cjlap.com

印刷：中印南方印刷有限公司

开本：787 毫米×1092 毫米　1/32　　印张：7.75

版次：2025 年 8 月第 1 版　　2025 年 8 月第 1 次印刷

字数：84 千字

定价：39.80 元

锅烧乌冬面　　1月6日

正月三日刚过，我就把过年的道具都收了起来，切换到了日常模式。

今年我过了一个非常传统的日式新年，过得很满足。

年菜除了每年都有的那三样（黑豆、伊达卷、什锦拌菜）以外，我还额外准备了干青鱼子、醋渍章鱼、鲱鱼、斑鰶等食物。

今年我比较早就开始做饭了，所以完成得比较轻松，味道也几乎可以说是我做过的最好的一次。

而且，今年我第一次试着订了外面的年菜。

那家店正好有两人份的套餐，我也有点好奇，想试试专业人士做出来的年菜味道如何。

果然非常美味。

他们采用的好像是山形地区那边的做法，里面放了野菜，还有炖煮得十分柔嫩的鲤鱼。我不由得感叹，别人做的年菜真是格外好吃。

往年过年时总会有客人来拜访，但今年由于新冠疫情的影响，没有客人登门，我也乐得自在，不用考虑该做些什么菜招待客人。

空闲下来的时间，我看了些韩国电影。

我做了杂煮，除了关东风味的以外，还额外用白味噌做了京都风味的，也很好吃。年糕也准备得不多不少。说起来，我想年菜大概就是这样让人没有完全满足，保留着还想再吃一点儿的感觉才是最理想的。

这样看来，今年的年菜准备得实在是恰到好处，没有形成“怎么年菜还没吃完”的感觉。

也许，就是因为总想着要一口气多准备些年菜，才让人容易吃腻吧。

意识到了这一点以后，今年我便决定把直到旧历新年为止的期间都算作“正月”，准备利用周末的时间把以前没有做过的年菜都尝试一遍。

这样一来既不会浪费，也不会吃腻。

仍然有吃剩的年菜，我就拿来做成了锅烧乌冬面。

在土锅中放入乌冬面，加入鱼糕、鸣门卷[1]、鸡肉之类的食材，也可以放海带卷。总之，冰箱里剩下的年菜都可以放进去，然后开火煮就行了。

做完这道菜，就感觉新年过完了，又该回到平时的生活节奏里了。

身体变得暖暖的。

没有什么比在寒冷的晚上吃锅烧乌冬面更让人幸福的了。

对了，吃着那份山形做法的年菜时，我突然想到，干青鱼子总是和毛豆一起浇上高汤后吃的。

干青鱼子和毛豆，真的很相配呢。

小时候我总是这么吃，但长大以后我一般都只用

1　有漩涡状花纹的鱼糕，因为让人联想到日本流速最快的漩涡“鸣门涡潮”而得名。

高汤浸干青鱼子吃，忘记了还有干青鱼子和毛豆这对组合。

但看到那份山形年菜里同时放了毛豆和干青鱼子，我突然想了起来，而且立刻就想吃得不得了。于是，我赶紧去超市买了秘传豆[1]，和冰箱里剩下的干青鱼子搭配起来。

这是一道很适合日本酒的下酒小菜。

每年一次，用着只有在正月才会使用的奢华器皿，来享用奢华的食物，心情也变得焕然一新，感觉真好。

这些器皿一年里只用大概三天，有时我也觉得或许有些浪费。

但我仍期待，与它们来年再会。

1 日本的一种青豆，是山形县的特产之一。

同龄人　　1月12日

我是属牛的，今年是我的本命年。

百合音今年7岁了。听说狗的年纪换算成人类的年纪需要乘以7，那么它和我几乎可以算是同龄人吧——最近，我突然意识到了这件令人惊讶的事。

我们都已经步入中年，走过了自己一半的生命旅途。

百合音最近越来越会撒娇了。

动不动就缠着人要抱抱。

明明小的时候就算我们想抱它，它也会立刻逃离。

而现在，它好像把我当成一个睡起来挺舒服的坐垫了。

到了它7岁左右，我们好像更能理解彼此的感受了。

由于疫情的居家政策，我们俩相处的时间比以前更长了，这或许也起到了一定作用。但我认为更重要的原因是，随着年龄的增长，我们都更擅长理解他人的感受了。

百合音刚到家里的时候，我完全不明白它想要什么。

而现在，从它的表情、动作、行为模式中，我已经能读出很多信息了。

肚子饿了！给我吃饭。我困了，能不能出去一下？想上厕所了。来玩吧！是不是该去散步了？要抱抱！好喜欢你！背后有点痒，能帮我挠一下吗？

它在用身体的每一个部分，传递着这些话。

对于人类的语言，百合音基本只能听懂“零食”“好吃”“小狗”“爸爸”这几个词，但它也在拼命地努力理解人类。而我现在也基本上能够猜出百合音想要的是什么了。

我们之间的感情也越来越深。

看着它以从前未曾有过的毫无防备的姿态，一边打着呼噜一边呼呼大睡，我觉得它真是可爱得令人受不了。

这时我总会祈祷：希望你能尽可能长寿一些。

前几天，和一位比我稍年长些的朋友通电话时，她这样说道：

“总感觉，我前几天才刚从小学毕业呢！”

的确，回顾自己的人生，无论是成人礼还是小学的入学仪式，都仿佛是刚过去不久的事情。

这么想来，未来我能和百合音相处的日子，或许也同样短暂。

我们相处的每一天，都是百合音送给我的宝贵礼物。我想铭记这一点。

百合音用自己的前半生来陪伴了我，那么，我将会负责陪伴它的后半生。

这便是我此时此刻的感悟。

爱撒娇的百合音此时也正在我的大腿上入睡。

它越来越像个“老太婆”了，但这样也很可爱。

在这样寒冷的冬日，百合音的体温是如此温暖而珍贵。

大叔和狗　　1月22日

这是企鹅（前夫）带着百合音去附近散步时发生的事。

一只很亲人的柴犬走了过来。

企鹅对它伸出手打了个招呼，它的主人，一位大叔突然说道：

“你来当这孩子的爸爸吧。”

说着，他便将狗绳递了过去。

企鹅打听了一下才知道，原来这位大叔曾经做过心脏手术。

大叔原本就身体不好，最近又查出了癌症。

他认为，自己已经无力继续照顾这孩子了，所以每天都像这样一边带着它散步，一边为它寻找新主人。

柴犬已经6岁了，非常可爱。

我对大叔的心情感同身受。

你要联系方式了吗？是男孩还是女孩？叫什么？

面对我一连串的问题，企鹅只是摇了摇头，表示不清楚。

“要不就收养那孩子吧”的想法一瞬间划过我的脑海。

即使不能收养它，大叔不方便的时候，我或许也能帮上什么忙，比如暂时由我来照料一段时间。

大叔心中一定很不安，也许那只柴犬也会因为察觉到什么而不安吧。

我想，至少得要到大叔的联系方式，于是之后每次在附近散步时都会四处张望，留心观察，只是从来没有见到那只柴犬。

希望他们能早日找到合适的领养人，让大叔和柴犬都能安心生活。

说起大叔和柴犬，我想起前不久在附近买东西时发生的一件事。

一只白色的狗猛扯着牵引绳，快速走过人行横道。

它的主人是位男性，看起来完全是在被狗牵着走。

我在远处吃惊地看着他们，还在感叹着真是只不听话的狗，却发现，原来那是我家的狗啊。

最近我家热衷的娱乐活动是看《巴比伦柏林》。

这是一部德国的系列电视剧，投入了相当高的成本，制作十分精良。

电视剧的故事发生在约 100 年前德国历史上的魏玛共和国时期。这个共和国成立于德国在第一次世界大战中战败后的 1919 年，直到 1933 年纳粹势力上台为止，总共存在了 14 年。

在当时被认为是全世界最先进的魏玛宪法的团结下，人们讴歌自由，电影、戏剧、广播等文化事业都得到了极大发展，包豪斯学派就是在那个时期诞生的。

柏林当时出现了非常多的咖啡馆和歌舞厅，可谓夜夜笙歌，每晚都上演着各种表演。那个时期被誉为柏林的“黄金时期”。

《巴比伦柏林》无论是剧情还是画面都十分独特，不守常规、出人意料的情节展开总是让我看得心怦怦直跳。

电视上居然会放这部电视剧，真是让我惊讶极了。

几乎毫无冗长乏味的情节，同时又能通过唯美的画面，比如歌舞厅中的舞蹈场景，让人沉浸在那个时代独特的颓废氛围中。居家期间我几乎都在沉迷于看这部电视剧。

因为故事的舞台在柏林，时不时就会出现对我来说有些熟悉的风景、建筑物、街道等，这一点也让我深受吸引。这几天我把电视剧的第一季、第二季一共16 集一口气看完了。

简直还想从头再看一遍。

而且真的很想早点看到第三季！

如果对纳粹势力抬头时期的德国历史感兴趣，这部作品也非常值得一看。虽然只是电视剧，但剧中的社会背景等设定基本都基于史实。

如果大家还没看过这部电视剧的话，可以去看看。

我个人十分推荐。

桧原套餐　　1月26日

天空看起来已经有了春天的气息，地面上仍是冬日的严寒。

不过，公园的花坛里已经星星点点地绽放了几朵水仙花。

河边樱花树的枝头也已经挂上了饱满的花蕾，等待着春天的到来。

我的桧原套餐也到了。

东京都的桧原村——我有个朋友搬家到了那里，给我寄了传说中的桧原套餐。

除了常规的面包和舞茸以外，里面还放入了桧原村出产的红茶和腺齿越橘的果酱。

腺齿越橘——我从前压根不知道有这种植物。

我查了一下资料，原来这是一种在日本古代就有的浆果，被誉为“山中的黑珍珠”。

我试着将这种果酱配着维也纳炸猪排一起吃。

维也纳炸猪排是一种德式肉菜，差不多就是德国版的炸猪排。

用力敲打猪肉（用小牛肉也可以），直到猪肉变得很薄，然后裹上面衣油炸，这道菜就做好了。

猪肉经过捶打之后，表面积变得很大，因此这道菜看上去分量不小。但捶打过的猪肉同样也变得相当薄（日本以前把这种炸猪排叫作纸皮猪排），不知不觉间几口就吃完了。

德国餐馆里的维也纳炸猪排，配菜大多数会是柠檬和甜味的果酱。

肉菜配甜果酱?! 一听就令人眉头紧皱的组合，实际上吃起来却不算太奇怪。

至于舞茸，我把其中一半放进了烤米棒火锅[1]，

1　日本秋田地区的一种特产火锅。烤米棒就是将捣碎的米饭做成圆筒状，放在炭火上烤，然后将做好的烤米棒和鸡肉、蔬菜、酱油、鸡骨汤等材料一同炖煮，就是烤米棒火锅。

另一半做成了蘑菇泥。

很多种类的蘑菇都可以用来做蘑菇泥，但我总喜欢用舞茸来做。

将大蒜、辣椒和舞茸一起用橄榄油煎一下，然后用搅拌机打碎就可以了，简单但回味无穷，十分美味。

家里有很多蘑菇吃不完的话，用这种方式制作就可以存放得久一点。

蘑菇泥有很多种食用方式，可以用来配意大利面，也可以在炒蔬菜时放一点提味，不过我最喜欢的还是蘸面包吃。

尤其是配上桧原套餐中的面包一起享用，实在是绝配。

我吃过很多据说非常美味、经常大排长龙的面包店出品的面包，但稍大的面包总有一个问题，就是没办法一口气吃完，需要放进冷冻柜保存。

只有这个桧原套餐里的面包，我总是很快就会吃完。

怎么说呢，我很喜欢这种“自家的面包不输于外面”的感觉。

如果放进烤箱热一下，再配上舞茸蘑菇泥一起吃，那就是一顿丰盛的美味了。

出乎我意料的是桧原红茶。

听说一位从东京搬回村里居住的女性，将当地的耕地改为茶田，努力了好多年才培植出来这种红茶，还把它打造成了当地的特产。

这种红茶毫无杂味，用个不太恰当的比喻，就像是在喝清水一样，口感清爽而干净。

我喜欢乡村。

对桧原村，我也是闻名已久，但还没有去过。

查了一下资料，原来当地还有数座瀑布，看起来令人心旷神怡。而且还有温泉。

等我拿到驾照，就先去一趟桧原村吧。

手工冰淇淋　　2月3日

昨天我没有撒豆子。

今年的节分[1]是2月2日，前几天我一直很期待这个日子，不过真到了这一天我却什么也没做。

作为替代，我吃了一颗炒大豆。

其实那是百合音的零食，已经放得有点潮了。

今天就是立春了。

入夜的时间也比以前晚了许多。

我倒不是那种觉得什么东西都是手工制作更好的人，比如年糕最好就还是直接买店里的。不过，我最近有些迷上了制作手工冰淇淋。

1　日本传统节日之一，每年立春的前一天被定为节分，人们在这一天一般会进行“撒豆子”活动，以将邪祟赶出家门，祈求健康安宁。

过年那会儿，我买了许多黄豆粉，为了不至于浪费，我想了许多办法消耗。偶然间，我脑子里灵光一闪，想到可以用黄豆粉来做冰淇淋。

原本以为做手工冰淇淋会很麻烦，查了一下才发现其实制作方法非常简单，用到的材料也都很常见。

只需要鸡蛋、淡奶油和白砂糖，于是我也试着做了一下。

出乎我的意料，成品十分美味。

加入了黄豆粉的冰淇淋，感觉对身体很有益处，而且材料都是自己准备的，吃起来也比较安心。

我决定再尝试做一下巧克力冰淇淋。

企鹅买回来的巧克力直接吃实在是太甜了，为了不浪费食物，干脆拿来做冰淇淋好了。

上次做黄豆粉冰淇淋时我用了鸡蛋，这次我不打算加鸡蛋，准备只用淡奶油和牛奶来做巧克力冰淇淋。

结果也是令人赞叹的美味。

只需要打发淡奶油，将巧克力和牛奶一起加热到巧克力溶化，充分搅拌之后冷冻，就做好了。

唯一有些麻烦的工序就是在冷冻的时候，需要时不时把半成品拿出来搅拌，让冰淇淋中混入空气。

只要不觉得这一点麻烦，自己动手在家里做的冰淇淋，吃起来是最放心的，而且比在外面买便宜得多。

加入朗姆酒渍葡萄干也很不错。

在柏林时，到处都可以买到非常美味的冰淇淋，但回日本以后，发现同样品质的冰淇淋往往都价格不菲。

而且我也不喜欢一次吃太多冰淇淋。

吃完饭以后，稍微来上几口就足够了。

在家自制冰淇淋的话，就可以将它们按一次吃的分量，分别装在 100 毫升左右的小纸杯中储存了。

下次我准备做草莓冰淇淋。

去年我吃到了一种非常美味的草莓，于是今年我又订了不少。

家里买了太多水果吃不完的时候，做成冰淇淋冷冻起来也是种不错的储存方法。

今天，我在大阪屋订购的生曲送到了，我准备用它来自制味噌。

这种生曲闻起来真的很香。

这次我订的量够做两次，分量不少。

一般日本的习俗好像是要趁天气冷的时候多做些味噌。

所以，从上个月到这个月，我努力做了不少味噌。

这次我用的豆子是山形产的青豆和秘传豆。

用秘传豆的话，只用煮一小会儿就行了。

新年祈福　　2月14日

昨天夜里，我心里突然抑制不住地产生了一种想出门走走的冲动。

说起来，我还从来没有正经地去新年祈福过。

我以前也在元旦当天去过附近的寺庙，但看到那大排长龙的样子，只是站在远处，心中默默合掌拜了拜就回家了。

今天正是旧历的新年。

既然如此，那么干脆去祈福一下好了。这么想着，今天早上我出了门。

我一边心里记挂着昨天晚上东北地区发生的地震，不知道受灾情况怎么样，一边向车站走去。

仔细想想，我最近好像很少像这样出门闲逛了。

不知道这种出门的理由算不算违反“非紧急非必要不出门”[1]的要求，不过今天是星期天，又是一大早，人并不多，坐电车十分钟左右就到了，还是不要太苛责自己了吧。

这座寺庙我是第一次去。

坐特快电车，两站路就到了，虽然很近，我却总有一种出门远足的感觉。

垂枝梅花开得正好，白头鹎在枝头满意地享用着自己的早餐。

我深深吸了一大口清爽的空气，品尝着早晨的气息。

路边的水仙花也开了，十分惹人怜爱。

从车站到寺庙的参道两旁种着一排挺拔的榉树，光是散散步也觉得心情舒畅。

到正殿祈福完以后，我在一张人形的纸上写下自己的名字，对着纸吹了一口气，将它放到了河里。

做完这些，我感觉好像身体里真的有什么坏东西

1　日本政府在新冠疫情期间采取的紧急状态措施。

被河水带走了一样，整个人都神清气爽。

这地方真不错，离家又很近，干脆以后每个月的一号都来这里祈愿吧。

回家路上，我顺道在附近的无人卖场买了很新鲜的鸡蛋，带回了家。

前途未卜　　3月1日

我一般不怎么看新闻，每次看完心里总是有股说不上是悲伤还是空虚的情绪。不过，今天傍晚我去澡堂的时候，正好看到大堂的电视上在放新闻。

一些人掌握了很高的权力，却为了自己的利益而任意妄为，导致周围能够支持自己的人才不断流失，最终只能自食恶果。

我原本认为，身为领导者，绝不应该骄傲自大、自以为比任何人都优秀，而是应该听取专家的意见，动员起各领域的优秀人才。但在日本，这理所应当的道理好像并不被认为是理所应当的。

如果周围全是只知道赞同自己意见的马屁精，就会闹出和《国王的新衣》一样的笑话。

日本政坛中弥漫着这股忖度上司脸色做事的风气，令许多优秀的人才没有发挥才能的空间，这对国家来说真是一种巨大的损失。

前一阵子，奥运会组织委员会的高官好像因为歧视女性的言论而引咎辞职了。这种人能够身居高位，不是原本就很奇怪吗?

即使现在，社会上也到处都能听到类似的刺耳言论。

最近经常听人说“老害”[1]这个词。“老害”到什么时候才会彻底消失呢?

年轻人总会变老，等他们掌握了社会的权力，会成为新的“老害”吗?还是“老害”这种现象会就此消失呢?

这个话题还是就此打住吧。我最近在定期去驾校练车。

1　近年在网络上流行的日语新造词，是“老人”和“公害”两个词的缩写，是一种用来指代为老不尊、令人厌恶的老者的贬义词。

今天练习了侧方停车和倒车入库。

一贯温柔的女教练夸我：今天顺利停进去了呢，真是厉害！

不过，听说这位温柔的女教练很快就要离职了。

真是太遗憾了！

多亏了她，我才能坚持练到这个地步呢。

今后真是前途未卜呀。

已经三月份了。

今晚的月色也是如此美丽。

修学旅行　　3月4日

前天，都立高中的入学考试成绩出来了，我也接到通知，拉拉顺利通过了入学考试。

真是太好了！真是太好了！

拉拉成绩本来就相当优秀，如果她自己愿意的话，应该是可以保送到很好的高中的，但她宁愿选择更难的入学考试这条路。

真是个很了不起的孩子。

我打从心底佩服她。

我自己读书的时候因为讨厌准备考试，很早就决定了接受推荐入学。

这孩子小的时候，我就觉得她很不一般。果然，长到15岁，她的那股聪明劲儿还是没有改变。

这阵子又是新冠疫情，又是准备考试，我都好久没见到她了，但几次跟她通电话，她的语气听上去已经很像个大人了。

拉拉期待这次修学旅行已经很久了。

其实本来去年她就该去参加修学旅行，不过因为疫情的影响没有去成，好不容易快要毕业了，有了时间，于是下周终于要成行了。拉拉高兴得不得了。

她说她要看看去年生日我送给她的京都观光指南，先定下要去哪些景点和寺庙。

她还兴奋地告诉我，住宿已经定好了，是祇园的一家旅馆，到时候会和同学们分组乘出租车过去。

我想，孩子们真是挺可怜的。大人或许还能忍受，而他们正是最爱出门、最爱玩闹的年纪，却不得不忍受被关在家里的生活。

平时的社团活动应该也受到了影响。

应该经常觉得精力无处释放吧。

所以，忍啊忍啊，忍到了最后，终于考完了试可以去修学旅行，庆祝毕业，这应该会成为孩子们最棒的回忆。

我在电话里恭喜拉拉，终于能去修学旅行了，可真好，还向她介绍了一些好吃的西餐店、乌冬面店之类的。

但昨天突然传来消息，修学旅行被迫终止了。

我想，老师们一定也很希望孩子们能去修学旅行，绞尽脑汁想了很多办法。

他们本来应该觉得，这个时间点勉强可以让孩子们去旅行。

但首都圈的紧急状态宣布延长，最终修学旅行还是令人惋惜地泡汤了。

孩子们期待了这么久，真是太可怜了。

当然我也明白，为了不让病毒扩散，大家都应该尽自己最大的努力，但看着孩子忍耐了这么久，还是不由得希望她能去成。

最令人扼腕、让事情发展到如此糟糕地步的，果然还是那个“Go To Campaign”[1] 的活动。

要不是那个时候胡乱煽动人们四处移动，疫情也不会发展到今天这么严重的地步吧。

时代的波澜，总是往弱者的身边涌动。

如果日本政坛的核心人物中能有优秀的人才就好了。

目前看来，日本距离那天还遥遥无期。

今早的新闻里说，筱田桃红[2] 女士去世了。

她的书画和散文我都非常喜欢。

享年 107 岁。

是令人敬佩、向往的一生。

愿她在另一个世界安息。

1　日本政府推出的经济补贴政策，希望振兴日本旅游业，以应对新冠疫情造成的沉重打击。包括“Go To Travel”“Go To Eat”“Go To 商店街”“Go To Event”等活动内容。

2　日本抽象派水墨画家。

情绪 3月16日

我久违地去外面店里吃了顿饭。

已经很长一段时间了，我一直是自己在家里做饭的。

新冠疫情蔓延以前，我经常去外面吃饭。

而如今，去外面吃饭这件事本身也成了一件不同寻常的事情。

每当我感觉“想吃什么好东西”的时候，这家店总会首先浮现在我脑海里。

这家店由一位女性店主经营，她总是精心处理应季的蔬菜，搭配上漂亮的餐具，提供给客人享用。

店里还装饰着很多店主亲手插的花，看上去品位十分高雅。

我特别喜欢吃她做的菜，每次想约人享用美食的时候，总是先给这家店打电话。

因为这家店很受欢迎，所以总是很难订到位子。

前几天，我很幸运地订到了座位。

一般这家店 5 点才开门，我自以为是地认为稍微早到一点儿也没事，提前了 20 分钟到店，结果店门还是锁着的。

后来我才知道，这家店也受到疫情的影响，客人少了很多，今天预约的只有我和朋友两个人。

所以，我们预约的是 6 点，店主就打算按这个时间晚点开门。

“您先去座位上等待倒是没关系，但实在是什么都还没准备好呢，饮料和擦手巾都没有呢，您觉得没关系吗?”

正在忙碌的店主用较快的语速说道。

因为我说完全不在意，所以店主还是打开门请我进去坐着等了。但她的语气听起来不高兴极了。

接近 6 点的时候，我们等待已久的餐品做好了，但店主还是一副不高兴的样子。

虽然接待我们的用语倒还是很礼貌，可眼睛就像要翻白眼似的。

正常营业时，店里还会有一名服务员，可今天明显营业时间很短，所以厨房内外的工作都是店主一个人负责的。

我们作为客人，也得时刻担心会不会给店主火上浇油，连点饮料都得再三考虑。

其实，我不是第一次在这家店受到这样的待遇了。每次来这家店，总有相当高的概率撞上店主的心情不好。

不，或许店主本人并没有意识到这一点吧。

她是个非常认真的人，一心只想着把完美的菜品在完美的时间呈上桌。

但她太过追求完美，一旦出现任何意外的状况，她就会非常焦虑。

我理解她的心情。

但是，如果她能稍微放松一点点，客人的心情或许就会大不相同吧。

饭吃到一半，有个预约的电话打到了店里。

我稍微听到了几句，好像那位客人想预定 6 点半以后来用餐。

但是，按照这个预约时间的话，如果要在 8 点前结束用餐，就必须快一点儿吃才行。

店主似乎对这一点不太满意。

“两位是这么多年的夫妻了，应该能在这个时间内吃完吧，毕竟互相应该没什么话可说了。”

她若无其事地说出了这句超级好笑的台词。

我想笑得不得了，拼了命才忍住没有笑出声。

而店主呢，她一定一点儿也没觉得自己的话有哪里可笑的。

8 点还差 10 分左右的时候，店主过来委婉地提醒我们，按这个节奏的话可能来不及在 8 点前吃甜点了。

是啊，8 点前就要关店了。我真切地意识到，这一点对她来说真的很重要。

如果是拉面店之类的话，客人很快就会吃完了，但在这种以套餐形式提供菜品的店里，两小时的用餐时间还是挺紧张的。

如果5点就开始用餐的话，倒是可以有充分的时间慢慢吃，但也不是每个人都会5点准时来店里。

我在用餐的时候确实有种无形之中被人催促的感觉。

这种难得的美味，还是应该不紧不慢地细细品味才对。

8点钟，我们急急忙忙地出了店门，我感觉松了一口气。

看来情绪不仅会影响自己，也确实会影响他人啊。

今天是个春光烂漫的好日子。

刚才我和百合音一起去公园散步，看到河边的樱花已经绽放了。

有两个大叔手上拿着奇怪的自制道具走了过来，那是用一根长棒子连在伞的把手上做成的。我好奇地观察了一下，看见他们摘下了公园里的夏橙，装进了自带的塑料袋里。

是准备做果酱吗？

选择性夫妇别姓 3月19日

为什么呢？究竟为什么反对呢？我一直搞不明白这个问题。

毕竟，只是“选择性”别姓啊。

又不是要求所有的夫妇都必须选择别姓。

希望夫妇同姓的夫妻还是可以像过去一样选择改为相同的姓氏，希望夫妇别姓的夫妻也可以选择别姓，只不过是给大家增加了一下选项而已。

反对这条法律的人，就相当于在对着完全陌生的邻居夫妇命令道：“你们夫妻俩必须用同一个姓氏。”

我觉得这简直是在无理取闹。嗯……我可真不明白这些人。

要我说的话，比起姓氏，我们选择名字的自由度要高得不止一星半点。

比如说，有人的名字写作“月”，却读作“露娜”[1]。

写作“红叶”的，可以读作“梅普露”[2]。

写作“一心”，读作“纯”[3]；写作“翔马”，读作“珀伽索斯”[4]；写作“七音”，读作“律”[5]。

随便查一下就能找到很多。

简直就像是在玩解密游戏，或者拿文字做游戏一样。

在取名这件事上，人们可以完全自由地展开想象的翅膀。

对此，我没有任何意见，只要家长负起责任，充分运用这份自由，尽量给孩子取一个最适合他的名字就好了。但是，姓氏的毫无自由和名字的过分自由，对比起来实在是滑稽得很。

从取名的自由度来看，也许可以得出汉字写作什

1 取自罗马神话中的月亮女神“Luna”。

2 取自英语中枫树一词“maple”的罗马音译。

3 取自英语“pure”的罗马音译，意为“纯”“纯粹”。

4 取自希腊神话中的奇幻生物天马，即“Pegasus”。

5 取自英语“rhythm”的罗马音译，意为“旋律”“节奏”。

么并不重要、重要的是要怎么读这个结论。

打个比方吧，如果一个人的姓氏写作“铃木”，但读作“佐藤”，这不是也说得通吗？

如果是这样的话，结了婚不得不改姓“铃木”的人，只要说“不是不是，我这个姓虽然写作铃木但其实读作‘××’（旧姓）”，就还是可以继续使用自己的旧姓了吧？

好吧，我也知道这多半不可能。但是，在取名字的时候，人们的确就是这么做的。

反对选择性夫妇别姓的人往往声称，这样做会危害家族的感情和联系。

但是，家人之间的感情是靠同一个姓氏就能维系的吗？恐怕没这么简单。

前几天，冈山县的议会提交了这样一份意见书，说亲子之间的别姓会对孩子的心灵造成无法挽回的伤害。啊？认真的吗？我真是理解不了。

无法挽回的伤害？是什么？

姓氏相同但天天吵架的父母，姓氏不同但感情融洽的父母，生活在哪个家庭的孩子会更幸福?

日本一直没有让健全的个人主义生长的土壤，恐怕就是受到了这些思想的影响。

去年，我也切身体验到了改姓到底有多不方便。

姓名是自我的象征，是一个人身份的标志，只是因为结了个婚就强迫夫妻中的某一个人把自己的姓氏改掉，真的很不合理。

我觉得夫妻可以有不同的姓氏，更可以有不同的生活方式。

对我来说，无论是和丈夫分居，还是选择和前夫同居，都只是转变了生活的重心而已，本质上没有任何区别。

家族就应该有多种形式，不同姓氏的人可以做夫妻，性别相同的人也应该可以成为家人。

就算是血脉相连的父母或者兄弟姐妹，如果总是提出不合理的要求，那么在没有别的解决办法时，也只能选择和他们彻底脱离关系。

总之，每个人最重要的都是保证我们自己的身心健康，争取自己的幸福，过好自己的人生。就算生活方式、思维方式和别人不一样，旁人也没有任何说三道四的资格。

在这方面，国家不应该用法律限制人的自由，而应该保障每个人都能尽量获得选择的权利。

向濑户内海出发　　3月25日

我闲置已久的行李箱里终于又装上了行李。

过去的一年里，我坐过几次新干线，国内航班则是一次也没坐过。

紧急从柏林回国，已经是一年前的事情了。

本来去年就要办的和建筑家伊东丰雄先生的这场对谈，这周末终于要在今治市举行了。

趁此机会，我准备去濑户内海转转。

我犹豫了很久，是坐飞机去还是坐电车去呢？最后还是决定从羽田机场出发，坐飞机先到广岛，然后再前往濑户内海的岛屿。

其实我还想沿着海边，骑自行车从尾道去今治的，但听说那种能异地还车的租借自行车只有很少的种类可选，最终还是放弃了这个想法。

如果像欧洲那样，能够把自行车带上电车就好了。

总之，今天和明天，我想在濑户内海附近骑骑车，悠闲地欣赏这久违的美景。

天气看起来也很不错。

我带上许多喜欢的零食，出发了！

在生口岛上住的那家浴池旅馆也棒极了。

大家的葡萄酒造　　3 月 29 日

我第一次到大三岛是在 2017 年的 3 月。

建筑家伊东丰雄先生当初在进行岛建规划时，放弃了柠檬转而选择了种植葡萄苗木。听说这些葡萄现在被用来酿造成了濑户内海的特产葡萄酒，我对此很有兴趣。

伊东先生说，大三岛是日本最美的岛。

在构思《狮子之家的点心日》时，大三岛一下子就浮现在我的脑海里，所以我特地去取材了一次。

“大家的葡萄酒造”的 K 先生带我在岛上观光了一番，我一边听他介绍，一边饱览了当地的美景。

我将当时在岛上看到的风景和品尝到的美食写进了《狮子之家的点心日》里。

我又来到了阔别四年的濑户内海。

我得以再次欣赏这些岛屿的风景，就仿佛是在回味雫[1]的心情一般。

第一天，我在广岛的三元港乘船前往生口岛。

在生口岛，我租了自行车，穿过多多罗大桥，前往大三岛上的山祇神社。

上次来我是坐车去的，所以这次虽然是在陌生的土地上，我还是选择改换了自行车出行，而且前半程还是独自骑行，因此能够随心所欲地在喜欢的地方停下来欣赏风景。

时不时停下车，拍几张照片，深呼吸几口新鲜空气，吃点零食。

也许是因为疫情在家关了一整年，我在这趟旅行中感受到了几乎前所未有的自由气息。

沿着海岸骑行，一路景色渐渐变换。

海里星罗棋布的小岛，这是濑户内海独有的美

1　《狮子之家的点心日》的女主人公。

景。这里无论如何取景，似乎每一帧、每一幅画面都是无与伦比的美丽，令人赞叹。

久违的海潮气息，就像是生命力浓缩而成的营养汤一般。

微风拂面，樱花处处盛放，海面上浮动跳跃的粼粼波光，让人心旷神怡。

尤其是从桥上眺望海面时的景象，真是美极了。

那天，我住在一家新开业没多久的浴池旅馆里，晚上去附近的商店街里吃了章鱼天妇罗滑蛋盖饭。

第二天，我又借了自行车，从生口岛的濑户田骑到因岛的土生港，再从那里坐船前往今治。

我很喜欢船。

在船上，船员过来检票时，对着身穿制服的高中生们打了一声招呼："欢迎回家。"不知道为什么，这幅光景令我不自觉地想要微笑。

第三天，和伊东丰雄先生的对谈在今治市民会馆举行。对谈结束后我就去了松山，参加了"大家的葡萄酒造"的新酒试饮会。

在会场，我又见到了阔别已久的 K 先生。

如果没有认识 K 先生的话，就没有“田阳地君”这个角色了。

“大家的葡萄酒造”出产的葡萄酒真的非常美味，令人感动。

香气宜人，味道醇厚，老实说，我很惊讶于日本居然也能出产这么美味的葡萄酒。

我平时就常喝日本产的葡萄酒，近年来好喝的国产葡萄酒越来越多了，但在我喝过的所有日本葡萄酒里，这个是最好喝的。

饭菜是由道后温泉一家叫作梅乃屋的旅馆提供的，使用了当地的新鲜土产，味道很不错，吃完仿佛五脏六腑都被浸润了一般，真是难得的享受。

我听说，“大家的葡萄酒造”在招募认购苗木，作为谢礼，他们会奉上酿好的葡萄酒。

我当场就申请了认购。

他们开始酿酒业务还不到五年，就已经有了如此高的水准，未来可期呀。

伊东先生在规划岛建时，就已经从全岛的宏观层面布局，想好了从整平地面到生产葡萄酒的一系列工程，并使这个宏伟的蓝图变为现实。他真是一个了不起的人。

我打从心底尊敬伊东丰雄先生。

经历四天三夜，在充分享受了濑户内海的美景之后，我带着满满的能量回到了东京。

还有，濑户内海的美食。

在生口岛品尝的章鱼天妇罗滑蛋盖饭、用新鲜裙带菜做成的味噌汤，在今治吃到的杂鱼排、鲜榨椪柑汁，白乐天的猪肉鸡蛋盖饭，松山道后温泉梅乃屋旅馆的饭菜，还有鲷鱼火锅。

总而言之，每道菜都好吃！

关于大三岛“大家的葡萄酒造”的详细介绍，大家可以看这个网址：

http://www.ohmishimawine.com/。

他们家的葡萄酒好像也可以从这个网站上订购。

驾照考试 4月2日

昨天我去参加了驾照考试。

说来惭愧，这是我第二次考驾照了。

第一次考试时，我转弯时不小心碰到了安全护栏，当场失败。

明明我之前练习的时候从来没有碰到过护栏呢。

我之所以想要考驾照，是因为去年在八之岳买了一块土地。

其实，我一开始没有要买土地的计划，但不知道为什么，看着看着就买下来了。

我想在那里建一间小小的山间小屋。

随着年龄增长，我越来越喜欢待在空气清新、水质干净的地方。

我想在打开窗户就能眺望美景的地方编织故事。

我想在泥土上漫步。

我还有一些从柏林寄来的家具。

在国内寻找了一番和柏林气候、文化都比较接近的地方，结果就找到了八之岳山麓这片地区。

虽然这里的气候比柏林稍微要冷一点，但我并不讨厌寒冬。

为了能搬去那边居住，就一定要拿到驾照。

明年开始我就准备在东京和八之岳两边换着住了。

就算可以坐电车到附近，但在八之岳这边，没有车的话还是很不方便。

我买的那块地附近有一片很美的湖，附近还有个很不错的咖啡馆，位置很近，走路就能到。

在柏林时，我就非常喜欢湖。

我自己不住的时候，还可以把房子提供给关照过我的编辑们，当作疗养地来使用。

后续我还想慢慢地修一个简易的桑拿小屋，供夏天写作时使用。

不过，现在的计划是要优先修好我母亲的房子。

关于那块地的建设，还在一边和建筑师商量，一边慢慢规划当中。

我的人生过得很满足，就算明天生命就走到尽头，也可以说没有什么遗憾的。但人永远不知道生命何时会结束，也许以后的人还会比现在更长寿。

每次这么一想，我就会想到那些还没有做过的事情，都想要体验一下。

我突然灵光一闪：对了，我还没有在山里住过呢。于是便决定在山里住一阵子。

要在山里住的话，不是体力和精力都十分充沛的年纪可不行。

所以要趁现在！

如果现在不开始计划的话，就来不及了。

但我也没想到，我这个年纪还要去考驾照呢。

人生还真是变幻莫测啊。

昨天的驾照考试，我擦着边勉勉强强及格了。

真是太好了！

总之是先解决了一件事情。

剩下的就是考过理论考试了。

不过，这个对我来说倒不是太困难。

我再次认识到，所谓自由，其实就是增加自己可以选择的选项。

学会了开车，我可以选择的出行方式就多了一项，就更自由了。

自由和义务，是一体两面。

相应地，我也增加了需要遵守安全驾驶规则的义务。

傍晚，我久违地带百合音去公园散步，看见河边的樱花已经开始凋零了。

樱花已经长出了新叶。

紫藤花也开始绽放。

希望春天过得慢一点，再慢一点，让我能和这宜人的春光再相处一段时间。

今天早上，我把日历从 3 月翻到了 4 月。

啊，已经 4 月了啊。

苹果和柑橘　　　　4月11日

终于到了“解放期”，我心里不由得蠢蠢欲动，整天都想出门多呼吸新鲜空气（当然有注意做好防护）。

“解放”的汉字既可以写作“开放”，也可以写作“解放”[1]，每次要用这个词时我都很犹豫，不知道应该用哪个写法。

“开放”是把窗户和门都打开，不设限制，让人能自由进出的意思。

“解放”是去除束缚，让人可以自由行动的意思。

这是词典上的解释。

1　日语中这两个词同音。

两者的意思很接近，但又有微妙的区别。

认真想想的话，应该还是使用“开放”更合适一些。

现在，我正把心灵的窗户大大敞开，让清新的风吹透我的心灵深处。

上周我去了箱根和镰仓。

我乘着火车，沿着终于重新通车的箱根登山铁路，前往旅馆。

风景真是让人叹为观止。

山里的树木发出了嫩绿的新芽，像伸出双手跟人打招呼一般。

旅馆里的露天温泉非常舒服，我把带来的很有名的书完全抛在脑后，把时间全都花在了浴池里。

早上，我醒得很早，于是又去了浴池，一边泡澡，一边聆听周围树梢上小鸟叽叽喳喳的叫声。

感觉自己的身心都彻底打开了。

而且和知心的女伴一同出游，总是格外舒心。

在镰仓的第二天早上，我买了很久没吃过的Paradise Alley家的“微笑面包”。

箱根和镰仓，我都非常喜欢。

这里仿佛有种令人感觉很舒服的气息。

我最近好像跟柑橘有种奇妙的缘分。

在箱根，我见到了很多柑橘树，前不久去的濑户内海也被称为柑橘王国。

柑橘那耀眼灿烂的黄色，令看到它们的人也觉得精神了不少。

我这才想起，是啊，太平洋这一侧的日本盛产柑橘。

而日本海那一侧，好像出产苹果比较多。

一定是日照时长之类的因素吧，才造成了这种清晰的区分。

我的故乡在日本海这一侧，因此柑橘的气息对我来说有种洋气的感觉。

相反，苹果则是很常见、极富亲近感的水果。

这两种水果我都很喜欢，但柑橘特别有种外来食物的新鲜感，大概是因为我的故乡没有这种耀眼的色彩吧。

去箱根之前，我用濑户内海的柑橘做了橘子果冻。

第一次做的时候不小心失败了，因为放多了明胶，做出来的果冻有点硬。第二次做出来的果冻就很成功了，摇摇晃晃的，软硬度很合适。

我基本每年都会做一次橘子果冻，只要一次性买了很多柑橘，我就会做这个。

酸甜适中，略带一点苦味，一口就能品尝出许多种类柑橘的芳香，就像太阳光在嘴里慢慢散开一样。

明天我就要去石垣岛了。

真是好久没去过了。

石垣岛上既没有柑橘，也没有苹果。

一定要说特产的话，或许是菠萝？

这次能见到好久不见的姐姐和妹妹，还有妹妹的女儿。

我最近在让百合音练习适应戴太阳眼镜。

因为百合音常常直勾勾地盯着天花板，我有点担心直视电灯会对它的眼睛造成伤害。

如何度过生命尽头 4月14日

我很喜欢飞机起飞的瞬间。

飞机摇摇晃晃地上升，看着下方的地面逐渐离自己远去。

眺望下方，海面泛着层层海浪，像是柔软面料上的褶皱，船只在上面划过一道白色的痕迹。

海浪反射着阳光，闪耀着粼粼波光，从飞机上看，地面的世界似乎越来越不现实，越来越像玩具或者模型一样。

飞机逐渐上升，很快就飞进了云里，接着又飞到了云层之上。

前天，我透过飞机窗看见了富士山，那份美景令人感动。

从空中看下去，富士山看起来也是小小的。

每次看见富士山，我心里都有一份小小的骄傲：那么高的山顶，我也爬上去过呢。

尽全力登顶果然是对的。

但是，即使是日本最高峰的富士山，在高空上看起来，也不过像是地球被虫子咬出的痕迹一样渺小。

坐飞机的时候，我一直在思考关于“死亡”的问题，这大概是因为我在看佐佐凉子的《生命尽头》。

那是一本关于临终的纪实小说，真的写得非常好。

不同的人，有不同的死亡。

有些人的死亡就像把抽屉缓缓推回去一样，有些人的死亡就像是猛地一把将抽屉全拉出来，最终掉在地上一样。

也有很多人忘记了自己曾经拉开抽屉，就这样让抽屉敞开着，便走上了新的旅程。

无论如何设想自己生命的尽头，大多数人都很难按照自己选择的方式走完人生最后的路。

但是，总还是可以提前在脑内想象、模拟一下那个场景，所以我平时也经常读相关的书，思考自己究竟希望如何走过人生最后一段旅程。我总觉得，这种想象总还是有些什么作用的。

对我来说，这本书中写到的佐佐先生的爷爷那样的死法，不失为一种理想的方式。

他的爷爷在人生的最后一段时间里，一个接一个地去见了自己重要的人，然后没有多久就去世了。

我想，他一定是预感到了死亡的来临。

人类也是一种动物，还保留着某种动物的直觉，这种事也许真的有可能发生吧。

我觉得，这真是一种美好的死法，如果有可能的话，我希望我最后也能像这样离开人世。

如果我先读了这本书的话，说不定就写不出《狮子之家的点心日》了，也可能是不会写了。

飞机下落的时候，我也刚好看完了这本书。透过窗户向下看去，小岛映着日光，美景令人心醉。

我想象中的死亡，就像是飞机起飞一样。

那件事不知何时到来，但总归马上就要发生了，你的心中对此充满期待。

而且，不知不觉间，也许又会回到地面上来。

黑岛旅行 4月15日

我坐着早上第一班船去了黑岛。

船上坐在我旁边的人是朋子和朋子5岁的女儿小阳。

朋子是位点心师，我是她的忠实粉丝。

我单方面把她当作我的妹妹看待。

不久前我才听说，朋子要和女儿一起去石垣岛玩。

上次见朋子还是她结婚、生孩子之前的事了，我和姐姐也很久没见面了。

当然了，我也没见过朋子的女儿。某天晚上，我突然灵光一闪，如果我也去石垣岛的话，岂不是能一次性见到所有这些我想见的人吗？于是第二天我就赶紧买了去石垣岛的票。

说走就走，我这就飞到了石垣岛。

我的行李箱很小，里面却被我拼命塞满了当作礼物的德国面包。

朋子和小阳母女俩是第一次去石垣岛。

我应该是第 4 次，还是第 5 次去吧，我有点儿记不清了。

总之，能在石垣岛见到姐姐和朋子，我真是太幸福了。

不过，听说我特别喜欢的那家边银食堂关门了，我很吃惊。

听说是受疫情的影响，真是无可奈何。

到了黑岛，我们立刻租了电动自行车，准备向海滩出发。

租车行的小哥告诉了我一个当地人厂区的海滩，我们赶紧蹬上车出发了。

朋子和小阳是第一次两人共乘一辆自行车。

刚开始她们差点就摔倒了，还好小阳用力撑住了车，才没出什么事故。

我们压过一条条岩石的裂缝，一路上尖叫着向前骑行，没多久，眼前出现了一片美丽的大海。

早晨的海边，真的很舒服。

朋子和小阳直接去海边玩了。

我决定先去酒店吃早饭。

我一边啃着三明治，一边欣赏着那对母女在海边嬉戏的美好景象，随手替她们拍几张照片。

这么美丽的海景，这么温柔的海水颜色，平时并不多见。

吃完早饭，我也卷起裤腿，到海里玩了起来。

牵着小阳的手，走在层层海浪中。

从天空上看，黑岛是一座心形的小岛。

这里的牛比人还要多得多，是一座悠闲的南方小岛。

说起来，我好像听说过，《鹤龟助产院》[1]的舞台原型就是黑岛？

和小阳一起玩的时候，我突然想了起来。

是啊，那好像是黑岛来着。

海滩上太舒服了，简直让人想在这里待上一整天。要是我一个人来的话，一定会顺势在这里待一天，但我们都租好电动自行车了，还是决定去环岛骑行。

这里到处都是牛、牛、牛。

我本来觉得朋子是个路痴，这种时候可指望不上她。但骑到一半的时候天气变得有点不好，我就把看地图的工作交给了朋子。

我们去看了小学，去海边捡了点石头，找到了野莓，随意地骑着车在岛上四处闲逛。

气温慢慢升高，开始有点热了，但每当通过树木繁茂的小路时，空气又会一下子凉下来。

我突然闻到一阵甜蜜的香气，原来是月桃花。

1　日本 NHK 电视台于 2012 年播出的电视连续剧，由仲里依纱主演。

快到中午时，我们到了黑岛研究所。

黑岛是著名的海龟产卵地，现在是初春，正是海龟产卵的季节。

观看海龟产卵，这件事在我的“人生必做的事”清单上。

所以这次我本来也想过住在黑岛，看能不能正好看到海龟产卵的景象。

虽然最后还是决定从石垣岛去，当天往返。

不过，至少还是要看到海龟吧！这点我们3个人都同意，于是就来了黑岛研究所。

海龟真的好可爱啊！

超级超级可爱！

尽管长得可爱，但它们好像很爱咬人。

划呀，划呀，在水池里游来游去的海龟。

什么时候我才有机会看到海龟产卵呢？

小小的海龟宝宝，朝着浩瀚的大海爬去。只是想象一下那个场景，就让人感动得想要哭呢。

黑岛上有一位我想见的女性。

我在黑岛研究所的花园里给她打了个电话。

她好像是朋子的朋友的朋友，但朋子也没有见过她。

我只是对她说了我们在黑岛，要是能遇见就好了之类的话，没有特意约见，但说着说着她就决定要来接我们。她说她有一辆小型卡车，我们可以坐在货箱上，她带我们在岛上参观。

哎呀呀!!

真是太开心了！我们都兴奋极了。

15 分钟后，她开着小卡车，英姿飒爽地出现在我们面前，真是一位美人啊。而且她身上的那件连衣裙和我身上的衣服是同一个牌子，是立陶宛的一个小众洋装品牌。

真是不可思议的巧合。

我们兴奋地坐上了卡车货箱，准备先去荞麦面店吃午餐。

我和她之间的共同点真的很多。

首先，她出生在宫城县的仙台。

后来她搬到了神户，再后来又嫁到了更南方的黑岛。

她对拉脱维亚、立陶宛以及北欧文化很感兴趣，经常在国内向人们介绍当地的手工制品，自己也会做一些编织物。

没想到会在黑岛碰见同样喜欢立陶宛文化的东北人。

听说人身上的毛孔数量从出生的时候起，这一生都不会改变。

也许是因为这样吧，我和她都很怕热。

这也是我们会喜欢北欧的原因，但现在我们俩却又都生活在南方的岛屿上。

人生还真是妙不可言啊。

真是永远不知道以后会发生什么。

坐着她的小卡车兜风真是太开心了！

风在身侧飕飕地吹过，穿过植物的枝叶搭出的绿色隧道。

就像梦中的场景。

这样美好的时光是真实的吗?

她还带我们去了她家的牧场。

在牧场，我见到了刚出生没多久的小山羊，可爱得不得了!

她教我，用两只手把小羊的前腿和后腿并起来抱住，我试了一下，果然这样比较好抱。

小羊比百合音更轻、更柔软。

我还学着给牛刷了毛。

牛的眼神真的非常非常温柔。

牧场里还有一只刚出生 2 周的小猫，这里真是个充满温柔爱意的好地方。

那天我们在黑岛好好玩了一整天，最后勉强赶上 5 点 50 分的发船时间，离开了黑岛。

穿着樱色长裙的她站在栈桥上，远远地向我们挥手，一直目送我们离开。我们也一直冲着她挥手，直到渐渐看不见她的身影。

然后，我们吃起了她临走时送给我们的琉球沙翁。

这世上最奇妙的，莫过于人与人的相遇。

有缘的人无论如何都会相遇，相反，没有缘分的人就算是长年的邻居，也总是会擦肩而过。

人生中能够遇见有缘的人，是很幸福的。

在黑岛的这场相遇给我留下的感悟大概是：

人生只有一次，不尽兴地过可就太亏了！

我总感觉，这像是一种上天给我的启示。

邻居 4月27日

凡事有二必有三。

就在刚才，政府公布了进入第三次紧急状态的通知。

又要居家了，一会儿让人出门，一会儿让人在家里待着，感觉像驯狗一样呢，汪。

我和小噼一起办了个线上饮酒会。

她也离开了柏林，现在搬到了法国的马赛。

我在柏林用过的很多家具也和她一起搬到了马赛。

客厅里的那张淡紫色地毯十分引人怀念。

我们以前是邻居。

住在柏林的时候，我们经常打个招呼：“30分钟后去你家哦”，就能随意地拜访彼此。

小雪那时住得也离我们不远，我们经常在我家附近的公园碰头，一边看夕阳，一边喝啤酒。

那个时候我们都以为这样的日子很平常，只是如今我们三个都已经不在柏林了。

其中一个人甚至已经离开了这个世界，去了很远很远的地方。

那段三个人在柏林热闹闲谈的日子，就像是奇迹一样。

我这边是晚餐时间，她那边是午餐时间。

小噼喝的是红葡萄酒，我喝的是丹波酒造的起泡酒。

我们各自都提前准备了些佐酒的小菜，一边吃，一边喝酒，一边聊天，叽叽喳喳地笑个不停。

真开心啊。

我真的很需要这样的时间。

“非必要不外出”的政策下，我能活动的范围就只有我家附近。

所以，每天一次带百合音去散步，就成了我难得的散心时间。

这一年来，我也认识了一些性格开朗、很合得来的犬友。

狗和狗的性格也真是大不相同。

有一只吉娃娃，出生在去年，正是疫情严重的时候，因此在它的成长关键期很少有机会和别的狗社交，导致现在散步时一看到别的狗总是有些害怕。

疫情不只影响人类，也影响狗啊。

前段时间，我认识了一只年纪很大、腿脚不太好、已经不能走路的腊肠犬。

百合音的性格很好，不管遇见什么狗都会摇着尾巴上前打招呼。

它真是非常外向，不管对方怎么无视它，它也不会轻易放弃。

我很佩服它这种落落大方的性格，觉得它很厉害。

它一般不会生气，但如果对方真的很失礼的话（比如突然大叫来恐吓我们），它就会像换了只狗似的，用很低沉的犬吠声控诉对方：“你这种态度也太过分了！”

那副模样跟它平时的样子真是一点儿也不像，作为主人每次看到我都会很吃惊。

不过，它会这么生气的场合一年大概也就一次吧。

百合音生气的时候真的很凶。

回顾过去的一年，周末的瑜伽对我来说也是难得的放松。

我定期会去见的、见得最多的人就是瑜伽老师了吧。

多亏了定期做瑜伽，我的生活里才有了一点刺激。

不知道这次的紧急事态宣言会不会影响我每天都去的澡堂?

要是那里也关门的话，我就太难受了。

澡堂可是我的心灵绿洲。

今天，我收到了秋田寄来的水芹。

不愧是产地直送的蔬菜，比超市里卖的那些好吃太多了。

我一直有个愿望，希望能尽情地吃一次水芹，吃到饱为止。

这个愿望今晚总算得以实现了!

今晚我要涮火锅吃。

除了猪肉，蔬菜就只需要水芹和香菇就足够了。

野菜笔记 4月30日

我在山形的出羽屋买的野菜寄到了。

纸箱里塞得满满当当的，全是野菜。

充满了春天的气息。

每一株野菜都被报纸好好包着，就像是老家的家人用心准备的土产一样，看着就让人高兴。

青蕨菜焯水后用芝麻沙拉酱凉拌。

红蕨菜焯水后切成细丝，加上核桃、白芝麻、豆腐、白味噌一起凉拌。

调味可以加上橄榄油、酱油和柚子醋。

蕨菜在日语中的正式名称叫作“草苏铁”。

说起来，我一起去西表岛的时候，在那边的丛林里见到了许多长得像巨大蕨菜的植物。

那种植物叫作“苏铁”，原来如此。

蕨菜煮过之后带有黏液，吃起来略带土腥味。

但蕨菜中含有丰富的β胡萝卜素和维生素E，可以提高免疫力，我想也有助于预防新冠吧。

山独活我准备了三种吃法。

把它长着毛的外皮切成细丝，然后炒着吃。

叶子做成天妇罗。

中间的部分煮到半透明，加上核桃味噌拌着吃。

听说月熊和日本鬣羚都很喜欢吃这种野菜。

这次我还买了一种第一次听说的野菜，叫作“夜衾草”。

这种野菜一定要新鲜才好吃。

我听说这种野菜的叶子适合做天妇罗，于是把它切得很细之后，和石垣岛的海藻混合在一起炸着吃了。

“夜衾草”的茎是中空的，有很独特的香味，我准备腌着吃。

昨天晚上，我就把它泡进了汤汁里。

至于山葵花，就煮上 1 分钟左右，切得碎碎的，再蘸上酱油和味淋[1]吃就好了。

楤芽和漉油菜全都做成天妇罗！

五加木芽稍微焯水之后拧干水分，跟米饭拌在一起，就做成了五加木饭。

今天晚上，我还要做一些饭团。

还有种野菜听说正式名称叫作“红枫伞”。

它长得像枫树的叶子，所以才叫这个名字。“红枫伞”和一种有毒的植物“草乌头”长得很像，采摘的时候需要注意。

有轻微的苦味，是这种野菜的一大特征。我有点苦恼，是做成渍菜吃呢，还是炒鸡蛋吃呢？

还是到时候再说吧。

包裹里还有片栗花。

听说它做成渍菜很好吃，但这种花刺激性很强，甚至可以用作泻药的材料，我还是敬而远之地把它插在花瓶里留作观赏用了。

1　甜料酒，能有效去除食物的腥味。

花朵低垂着脑袋，看起来很漂亮。

行者大蒜用橄榄油炒了，再和意式肉酱混起来配意面吃，真是至高的美味。

今天晚上有客人来访，是我的朋友小菜夫妇俩和小狗黑豆。

他们是最捧场、最爱吃我做的饭的客人。

这一年里，因为不能经常出去吃饭，我常常邀请朋友们来家里吃饭。

在家里吃饭也能喝点儿酒。

我相信，这会是个美妙的夜晚。

黑豆应该还会像以前那样，一直追在百合音后面跑来跑去吧。

大久保真纪　　　　5月2日

我有一个多年来的习惯，每天早上看新闻的时候，我总会留心看看有没有出现大久保真纪这个名字。

只要是大久保小姐写的文章，不管是多小的版面，我都有信心能找出来。

大久保小姐是朝日新闻的记者。

她的文字有种温暖的力量，也可以说是很有灵魂吧。

同为文字工作者，我打从心底敬佩她。

她的高度，我望尘莫及。

很久很久以来，我一直在关注大久保小姐报道的新闻。

儿童虐待、冤罪、性暴力等。

大久保小姐总是能深入社会的底层，关注弱势群体，替他们发声。

她真的是一位非常非常了不起的记者。

每次读到大久保小姐令人感动的文字报道，我都想以读者的身份给她写封信，但因为不好意思，一直也没有写成。

直到前年秋天，朝日新闻请我去做《狮子之家的点心日》的对谈活动，我终于下定决心给她写一封信。

我也是收到了来自读者的信，读完受到了激励才能下定决心的。

只是一心想着要把自己心里的话告诉对方。

大久保真纪小姐获得了这次的日本记者协会奖。

真是太好了。

筑紫哲也和鸟越俊太郎等人以前也拿过这个奖。

我真为她高兴，就像自己得了奖一样，高兴得不得了。

今天的《朝日新闻》上也刊登了大久保小姐写的新闻特辑。

特辑中也收录了我作为特邀嘉宾写的文章。

不胜惶恐，诸位要是有兴趣的话也可以看看。

在网上就可以看到：

https://digital.asahi.com/articles/ASP4W7FB-CP4NUTIL018.html。

中学的时候，我有一阵子特别想当记者。

但看到像大久保小姐这样伟大的记者是如何工作的之后，我就明白了，我是做不了一个称职的记者的。

大久保小姐是一位柔软而刚强的战士。

希望她今后也能继续战斗下去。

植物的力量　　5月7日

我母亲的妹妹恭子阿姨从山形给我寄来了野菜。

有漉油菜、楤芽、蕨菜、独活、艾麻，甚至还有一些粽子。

但是，我最开心的是收到了照片。

照片是放在信封里一起寄来的，是樱花树的照片。

我已经没有老家了。

我出生、长大的那间房子早已消失得无影无踪，现在已经变成了停车场。

我的老家也是阿姨长大的地方。

也许阿姨在那里有比我更多的回忆。

老家有一棵樱花树，每年春天都会开花。

我小时候常在那棵树下玩过家家。

我养的金鱼和小鸟死掉了的话，我也会把它们埋在树下，替它们做一个小小的墓来纪念它们。

我长大成人离开父母以后，每到冬天，妈妈就会剪下一段樱花的枝条，用报纸包好寄给我。

把它养在温暖的地方，不久，上面就会长出鼓鼓的花蕾，最后绽放出花朵。

老家的房子被推倒了或许是没有办法的事情，但如果连这棵樱花树也被砍倒了，那也太令人难过了。

所以，偶尔我路过山形，经过老家那片地方时，也会尽量转移视线，刻意不去看。

阿姨也和我一样。

她说过："那片地方看了就令人伤心，我不想去那边。"

所以，我和阿姨都不知道那棵樱花树原来还在那里。

老家有个和我同年的堂兄，就是他拍了樱花树的照片。

植物可真厉害啊。

或许对这棵樱花树来说，老家的房子没了，反而是少了烦人的遮挡物，它终于能尽情地朝着天空伸展枝条了。

它比我记忆中长大了不少。

它自由地将枝条伸展，越过石墙，绽放开烂漫的花朵。

“照片上还有一棵树，你看见了吗?”阿姨在电话里对我说。

仔细一看，樱花树的后面确实有一段斜斜的树干。

“那是棵枇杷树,不是总有人在那边丢厨余垃圾什么的吗？大概某个被人丢掉的枇杷种子发芽了吧。”

是啊，原来老家的房子边有枇杷树和柿子树。

但当初房子拆掉的时候，两棵树也都被砍倒了。

老枇杷树没有了，但新的枇杷树又长了出来，这也是一种生命的延续吧。

和阿姨通电话时，我的眼泪止不住地流着。

希望有一天，我和阿姨能一起去看看那棵樱花树盛放的样子。

阿姨这一年来几乎都没怎么出过门。

她是本来就生了病，不得不在家静养，疫情之后就更没办法出门了。

这种生活对阿姨无疑产生了很大影响，让她的声音听起来很寂寞。

母亲去世了，但我又和阿姨联系上了。老家的房子没有了，但樱花今年也盛开着。

我想，这样就足够了。

世上本来就没有什么永恒。

看着三张樱花树的照片，我突然想通了这件事。

说起来，奥运会好像没有延期的计划吧？

人们因为疫情遭着罪，日常生活节奏全都被打乱了，这种情况下还要开奥运会，实在不是什么明智的选择吧。

77 天后就要开奥运会了?? 这怎么可能呢? 而且 "All-Japan"[1] 又是什么?

让国民相信自己是特别的选民，只要齐心协力，就会有什么神风把病毒一口气吹跑。这群家伙不会真的还在相信这种荒谬的事吧?

如果真的是这样的话，那只能说明日本在近 80 年前犯下那种愚蠢的错误之后，依然没有任何成长。

我震惊而恐慌，无话可说。

到底什么才是现在应该做的事情，我希望他们能冷静地做出正确的判断。

而这个判断越晚做出，我们需要付出的代价就越大。

奥运会究竟是为谁举行的?

1　意为"全日本"，是日本在进行体育赛事或某项政策的宣传时常用的词语，有"举全国之力"进行各类活动或准备某盛事的含义。

听着电话里阿姨那虚弱的声音，我抑制不住内心的愤怒。

关于这件事，希望能尽快有一个正确的决断。

我把前几天收到的芹菜的根留了下来，用瓶子水培，养在了阳台上，这会儿它已经又长出了嫩绿的新芽，十分可爱。

手工周　　　　　5月9日

这周末的两天我都去练了瑜伽。

毕竟，我也没有什么别的事可做了。

进入紧急状态后，连澡堂都关门了。

因为长时间待在家里，我尝试了各种各样的手工活。

我不是那种觉得什么都要手工做最好的人，点心之类的一般都是去外面买，只有味噌，我总是觉得自己做的最好吃。

最近，我在京都舞鹤的大阪屋里的一家生曲专卖店下了单。

这里卖的生曲香气很棒，感觉能做出很好的味噌。

这次我买的也是套餐。

用豆曲、麦曲、米曲混合在一起，加入酱油和味淋，然后常温发酵，就做成了醪曲。

大概半年前，我尝了一种山形出产的醪曲味噌，真的很好吃，于是自己也试着做了一下。

只要开始做味噌，我的内心就会变得十分平静，我自己也不明白为什么触碰生曲会让我感到如此幸福。

尤其是这个季节，打开窗户，一边吹着舒适的风，一边做手工味噌，那种感觉真的很不错。

这次做味噌我用的是米原市产的海盐。

使用不同的盐尝试做出不同的效果，这也是手工做味噌的乐趣之一。

接下来我还想挑战一下做肥皂！

零添加的高品质肥皂在日本卖得可贵了。

专门从德国买我喜欢的那些肥皂，也有点儿太麻烦了，所以继味噌之后干脆就学习一下怎么做肥皂好了！

令人烦恼的是，做肥皂好像真的挺难的。

为了让油和水完全混合在一起，手工肥皂中需要添加碱性物质，我看了一些手工肥皂配方，一般使用的是氢氧化钠。氢氧化钠是有强腐蚀性的管制药品，没那么容易能买到。

我昨天去了几家药店都没有卖的。

买的时候还需要身份证和个人印章，使用和保存都必须格外注意。

我从前一点儿也不知道，制作肥皂需要用到这么危险的化学物品。

我有点儿不敢自己操作，也查了一些不需要用到氢氧化钠的方法，但效果怎么样还不知道呢。

今天是难得的好天气，在星期天练完瑜伽，心情实在很舒畅，我忍不住大白天就喝了啤酒。

终于到了喝啤酒的季节！

我最近很喜欢喝月山啤酒。

这种啤酒有皮尔森啤酒[1]和慕尼黑啤酒[2]的两个版本。

有了这种酒，我就不用专门去买德国啤酒了！

写到这里，我突然想起一件事。

我还做了香蕉冰淇淋呢！

好了，我要赶紧去搅拌冰淇淋啦！

1　德式啤酒种类之一，口感较清淡，色泽金黄。

2　最为著名的黑啤品种之一，相对其他黑啤而言色泽较淡，口味醇厚。

太阳伞季　　5月17日

感觉前不久我还在为春天的到来而欢喜，一眨眼就到了梅雨季。

刚才我骑自行车去了一趟药店，外面空气潮湿极了，感觉黏糊糊的。

而且风也很大，我一边骑车，一边得用手拼命按住帽子，才没有让它被风吹走。

关东地区接下来一段时间应该阴雨连绵吧。

枝头的梅子日渐饱满，小小的梅子果实落到地面上摔得裂开了。

我这才恍然大悟，原来已经是梅子的季节了啊。

回家以后，我立刻下单了梅子。

去年就是订晚了，结果小粒梅子都卖光了，害我没有买到。

今年我一定要用小粒梅子来做梅干！

我还买了新的太阳伞。

我对阳光过敏，所以，对我来说，太阳伞是生活必需品。

虽然戴帽子也可以遮挡一点儿太阳光吧，但还是太阳伞更让人安心。

不光夏天，冬天我也会用太阳伞。

想想看，我好像用过很多种不同的太阳伞。

但换来换去，最终我常用的还是男式的太阳伞。

而且得是那种晴雨两用的。

还是这个最好用。

首先，女式太阳伞总是很小。

如果用那种女式的晴雨两用伞，出太阳的时候还好，一旦下雨，能遮挡的面积就太小了。

用这种伞就很容易被淋湿。

如果大家要买太阳伞的话，我推荐一定要买晴雨两用的。

尤其是现在这种季节，经常一会儿突然下雨，一会儿突然出太阳的，天气变化特别快。

这种时候很难同时带雨伞和太阳伞出门吧，那还不如一开始就买晴雨两用的呢。

而且，这样也不用占太多收纳空间。

最近，我越来越觉得，男式太阳伞真是个好东西。

男人在大太阳下走路也最好打把伞呢，这样对身体更好。希望各位男性能抛弃“太阳伞是女人用的玩意儿”这种刻板印象，尽情使用太阳伞吧！

打太阳伞和不打太阳伞，体感的温度相差还挺大的。

我觉得男性穿着衬衫、打着太阳伞走路的样子看起来很清爽，非常帅气。

这次我选了一把鲜艳的蓝色的伞。

它的表面用的是麻布，内侧用的是防水布，无论风雨多大，也不担心会漏水。

我昨天试用了一下，非常好用！

接下来如果有人要考虑买太阳伞的话，也可以考虑一下男式的晴雨两用伞哦！

友情　　5月26日

我有一位非常非常喜欢的女性。

她是一家餐馆的老板娘。

她对店里的事情和厨艺总是无比认真。

我很喜欢她的人生态度，也很羡慕她能将幽默和认真的平衡把握得恰到好处。我和她并不算特别亲近，但我对她很有好感。

她是我的理想型，我也想像她那样活着。

我之前和她通过几封信。

在柏林时，打开邮箱看到了她寄给我信时，我真的很高兴。

我没能立刻给她回信，而是等激动的心情稍微平复了以后才给她回了信。

我希望我们之间能这样一点一点拉近距离，慢慢培育出深厚的友情。

我相信，我们一定能建立起非常棒的关系。

但是，她已经不在这个世界上了。

前几天，我从别人那听说了这个消息。

她明明比我还年轻啊。

听说她的店也很快就要关门了。

前几天，我去了她的店里，想重温记忆中她的面容。

店里看起来和以前毫无改变，但没有了她的这家店，就像失去了灵魂一样，变成了一个空壳，总感觉还是和以前不一样了。

曾经我总觉得我们总有一天能成为好朋友的。

我痛切地意识到自己的天真，就好像她在冥冥之中轻敲了一下我的脑门一样。

如果我能直率地告诉她我的想法就好了，不应该假作矜持地说什么慢慢培育友情的话。

不久前，我在她曾经生活的那座城市里见到了阔别已久的大学同学。

学生时代我们的关系不算太亲近，但我好歹还记得住他的名字和脸。

几年前，他专门来了我的签名会给我捧场。

我们一起喝着红茶，聊了会儿天。

然后我们打着伞在附近散了会儿步。

我想，一定是已经不存在于这世上的她在背后推了我一把吧。

人和人的缘分就像泡沫一样转瞬即逝，容不得丝毫犹豫拖延。

餐馆老板娘和大学同学，应该是毫无关系的，但我总觉得冥冥之中有某种关联。

我不在家的期间，别人送我的蔷薇花已经凋谢了。

看着凋谢的花朵，我又想起了她。

人生或许比我们预料的更加短暂。

我真的好想和她一起聊天、欢笑、哭泣、生气、做各种事情，我想，这种后悔永远也不会消失了吧。

所以，之后再遇到让我心折的人，我一定会更积极地去认识他们。

今夜是月全食。

还有一小时左右就要开始了吧。

能看见吗？我好期待呀!!

希望天空无云，能顺利看见月亮。

杂务 5月27日

很遗憾，昨天晚上的月全食我只看到了最后一点点。

算准时间，我走出家门，看见很多人都在仰望天空，就像在等待烟火大会开始一样。真是令人怀念的氛围啊。

说起来，今年的烟火大会还能如期举办吗？

不能办烟火大会，但可以办奥运会和残奥会，这是什么道理呢？

当然，如果站在选手的角度考虑的话，还是希望能举办的。

但此时此刻，或许还是应该用更宏观的角度，才能做出理智的判断。

今天一天都在下雨。

进入紧急状态后，我常去的那家小澡堂关门了，我闲得浑身难受，就连百合音都不能去散步了。

实在没事做了，我就把昨天晚上看月全食的时候顺便从自动蔬菜售卖机买的山椒子用酱油渍了。

已经是吃山椒子的季节了呀。

我记不太清了，但好像去年的山椒子季还要再晚一点？

而且，自动售卖机里还有梅子，让我有点惊讶。

五月就有梅子了吗？

今年樱花开得就很早，果然今年的季节变换有些反常啊。

一边听着我很喜欢的 HANAREGUMI 的歌，我一边处理着山椒子。

晚饭后，雨下得小了一点。我想着“只能趁现在了！”赶紧带着百合音出门散步。

有人说这样不太好，但我总喜欢让百合音自由地选择往哪走。

它想往左走，我们就往左走；它想往右走，我们就往右走。

百合音遇到自己不想去的路就会顽固地待在原地一动也不动。

很多主人都会禁止自己的狗狗在地上打滚，但我们家是让百合音自由打滚的。毕竟它只是一只小狗嘛！

但是遇上下雨天，或者天色比较暗的时候，就不能让百合音随心所欲了，这种时候它总是会怒瞪我。

今天这条路转弯很多，百合音被我扯着走向它不想去的方向，生气极了。

天又开始下雨了，也快天黑了，我就选了回家的近路，想尽快回到家里。

我准备去自动售卖机买点鸡蛋，发现又有山椒子卖。

一袋 300 日元[1]，我买了 3 袋。

这个就留给明天的我来处理吧。

看来我又有事可做了。

我不讨厌做这些杂七杂八的事情。

不过，现在我做这些事情都得戴眼镜了。

下周我准备腌韭菜吃。

1　约人民币 14 元。

执念　　5月31日

我去上了很久都没有去过的茶艺课。

二三十岁的时候，经常去茶道教室，但正式开始写书以后就没什么时间去练习茶道了。

回日本以后，我特别想做的一件事就是去练习茶道，但受疫情的影响，一直也没去成。

要找合我心意的教室和老师也没那么容易。

我属于那种悠闲派。

我对茶的名字什么的没兴趣，只是想在茶道教室里喝一杯茶，享受安闲的时间，我也不想在买茶上花费重金。

总而言之，我只是想放松身心、喝点茶而已。

要练习茶道，也得找个认同我这种态度的地方和老师。

前几天，我偶尔发现了一家还不错的茶道教室。

虽然地点是在东京的反方向，但我想反正一个月只去一次，就当作偶尔的一次休闲小旅行也不错吧。

而且他们用的练习道具都有些年代了，这点很吸引我。

我立刻联系了老师，预定了试听课程的时间。

我很久没穿过和服了。

虽然还在 5 月，但眼见着就要进入 6 月，我就穿了一件单衣和服。

腰带我选了很久之前买的一条旧腰带。

我居然很快就一个人全穿好了，我自己都有点儿惊讶呢。

装备整理到一半，我突然发现我没有白足袋[1]了。

1　穿着和服或其他日式传统服装（如剑道服、弓道服等）时穿的一种分趾袋状袜。

商场今天休息，我急急忙忙地给个人经营的和服店打了个电话，问他们有没有这种白色分趾袜卖。

有点儿担心会下雨，但我还是选择了方便走路的草面木屐，就这样出发了。

当然，我带了晴雨两用的太阳伞。

巴士转电车、电车又转电车，中途去买了白足袋，然后继续电车、电车、电车……

也有更快捷的路线，但我无论如何都不想经过涩谷和新宿，所以还是选择了坐地铁。

因为是星期天，所以地铁还比较空。

我出了一身汗，终于赶到了可以练习茶道的画廊前。

那家店却没有开门。

咦？是我弄错时间了吗？

但我看了一眼，并没有搞错。

那么，就是受到紧急事态宣言的影响，这家店临时关门了?

我在门口等了一会儿，没有任何人来，里面也没人出来。

按门铃也没有反应。

最后，我只能按原路打道回府了。

回家途中，想到难得穿一次和服出门，我一时兴起，去了一家一直想去的印传[1]店。

我什么也没买。离开店之后，我有点儿想吃冰凉的蜜豆寒天，但还是忍住了，直接回了家。

一回家，我就飞速解开腰带，脱掉和服，换上了平常的衣服，然后从冰箱里拿出来一罐啤酒。

啊，真好喝!

无上的享受!

出了一身汗，摆脱和服的束缚，再来上一口啤酒，感觉格外有滋味。

嘎吱嘎吱地啃了几块煎饼来下酒。

几小时以后，茶道的老师给我发了邮件。

1　一种用天然染料在鹿皮上印染出各种花样的日本传统工艺。

主题是“抱歉”。

原来他们还是正常在店里上了茶道课。

每当有茶道课的时候，他们就会把店的大门关上，应该要从旁边的一道小门进去。

我记得那边好像确实有个小门，但我打不开。

所以我就以为他们肯定是关门了。

我经常闹出这种笑话。

我总是一厢情愿地觉得“肯定”“一定不会有错”。

总觉得这样不好，却又怎么也改不了。

不过，反正也喝到了好喝的啤酒，还跟老师通了几封邮件，多了解了他一些。

下次再去试听恐怕要到 9 月份了，到时候我一定要提前确认好！

尽管发生了一些事，但系上这条腰带让我很开心。

前不久我把它送去清洗了，再看见它的感觉真不错。

它是条老腰带了，但这种颜色在现在的新品上很难见到。

一到梅雨季，我就会想系这条腰带。

小粒梅子　　6月2日

这几天我都在忙着处理梅子，虽然谈不上昼夜赶工吧，但也相当忙碌。

今年我做好了一切准备，一口气下单了5公斤小粒梅子。

也许是因为今年入夏早，梅子到货的时候比我预计的早很多。5月里，我就开始处理梅子了。

小粒梅子真的很可爱！

我想把它们分成1公斤1份，分别腌渍，尽量挑选香味好、色泽金黄的梅子，洗干净、晒干后去掉蒂。

看似简单的步骤，做起来却很不容易。

同样是 1 公斤重的梅子，颗粒大的梅子比颗粒小的梅子数量少。

我选的是小粒梅子，自然数量就更多了。

去蒂的步骤又被叫作“清理肚脐”。

要一颗颗拿起小梅子，用牙签把蒂挑出来。

真是很烦琐。

每一颗小梅子的颜色、形状、大小都不一样，很惹人怜爱。

去蒂的时候，就像在一颗颗地和它们打招呼一样。

翻过来一个个看它们的小肚脐眼。

等等，这个部分真的是梅子的肚脐眼吗?!

顺带一提，我数了一下 1 公斤梅子究竟有多少个，原来有 265 个!

简单估算一下，如果乘以 5，5 公斤就有 1325 个。

也就是说，我要给 1300 多个小粒梅子去蒂。

不过，能储备 1000 个以上的梅子，我就安心了！

这样一来，就算每天都吃 1 个梅干，也绰绰有余。

去完梅蒂，撒上盐，放进带密封条的保鲜袋里保存。

只过了一天，梅子里已经沁出了梅醋。

一切顺利！

把这些步骤重复 5 次，今年的梅子大作战就完成了一半。

接下来再用大一点的梅子做外带用的梅干好了。

处理完梅子，我久违地去了一趟澡堂。

果然还是在这里泡澡最舒服！

碰见了很久没见的澡堂同好，我们都说，这里重新开门真是太好了。

我倒没有打算一次把之前没泡够的澡都泡上，但还是一不小心就泡了很久。

能一边泡一边欣赏天空的露天浴池是最棒的！

肥皂工坊 6月17日

契机是我晚上常去的那家澡堂因为紧急事态宣言而暂停营业了。

所以我突然有了空闲时间，就想到可以试着自己做肥皂。

幸运的是，我家附近正好有一家肥皂教室，我在那里大致学到了制作肥皂的方法。

做肥皂和做点心的感觉很相似。

都必须精准称量材料的分量，都需要控制材料的温度，都要用到碗和打蛋器等工具。

多亏肥皂教室的老师指导了一下，我顺利地在附近的药店买到了很难买的氢氧化钠。

最困难的步骤是，将氢氧化钠、水和油混合起来，拼命搅拌才能让溶液达到那种能在上面写字的绵密程度。我第一次自己做的时候，花了一个多小时都没有达到理想的状态，我只能不顾噪声，把手动打蛋器换成了电动的。

使用机器是明智的选择。

用手动打蛋器搅拌半天都没什么变化，用电动的打了几十秒就达到了绵密状态。

正好我有一台闲置的电动搅拌器。

能亲手制作符合自己喜好的肥皂是一件让人很开心的事，比如夏天的香皂我就想要加入令人感觉清爽的薄荷或者茶树精油来调香。

最近除了做肥皂，我还手工制作了化妆水和唇膏。

这些东西制作起来意外地很简单，让人简直想说："什么嘛，原来这么简单。"所以我之前花高价买的那些纯天然有机化妆品算什么呢？

蜡烛烧剩下的蜜蜡，忘记喝的薄荷茶，冰箱里放得凝固了的椰子油，这些东西都可以用来做手工制品。

我还把买来一直没机会用的玫瑰精油和盐混合起来，做成了磨砂膏。

只要有心，就能做出各种各样的东西。

这么一来，我越来越喜欢泡澡了。

今天接下来我也打算做肥皂。

今天准备用排毒效果很好的蓖麻油来做肉桂香味的肥皂。

但在此之前，我要看电视剧《大豆田永久子与三名前夫》[1]。

我之前稍微看了一点最终话，感觉很有意思，所以今天再从第一话开始看。

虽然感觉一口气看完有点儿浪费，但是我实在一点儿也忍不了，只想立刻看完。

这部电视剧的剧情就像是拿监控器在偷窥我的生

1　由坂元裕二编剧、松隆子主演的电视连续剧。

活一样，充满了让我不住点头、直呼“就是这样”的情节。我完全沉迷进去了。

我偶尔就会这样完全沉迷在某部电视剧里。

接下来我要看《短剧开始啦》[1]。

1　由金子茂树编剧、菅田将晖主演的电视连续剧。

姬百合　　6月21日

梅雨暂歇，趁着天晴，我把家里的竹编簸箕全拿了出来，在阳台晒梅干。

今天是第二天了。

一颗颗可爱的小粒梅子正渐渐转变成梅干。

周末，我去看了《姬百合》。

这是一部纪录片，采访了在冲绳之战中存活下来的22名姬百合学生队的成员。

222名年龄在15~19岁之间的少女被送往战场，在陆军医院担任护士。

其中136名少女在战争中死亡，占总人数的一半以上。

这部电影是2006年拍摄的，但每年快到6月23日“慰灵日”，也就是冲绳之战有组织性的战斗终结的那一天，这部电影都会在电影院重映。

我去的时候是电影重映的第一天，也有很多年轻人来看。

电影一共分三个章节，只看第一章就已经觉得十分残酷了，第二章、第三章看完，我仿佛目睹了那场战争的全貌。

四周都是敌军，学生队被命令解散，少女们迷失了方向。

活下来的人也才十几岁，就已经目睹了友人以最悲惨的方式死去，经历了生离死别。

为什么会让如此愚蠢的事情发生呢？我内心不由得产生了一股无处宣泄的愤怒。

电影结束后，导演柴田昌平先生的那段发言也很触动人心。

是啊，这些接受采访的女性真的很美好。

令我印象深刻的是，在经历了惨无人道的地狱后，她们却没有多少怨恨之心。

她们只是一心祈祷着和平。她们只是背负起了年轻离世的友人的使命，替友人好好活下去。

我想，电影的画面很好地表达了她们的这份觉悟。

今天是夏至。

这是一年中白天最长的日子。

但反过来想，从明天开始就一天比一天更接近冬天了。

不知不觉，一年已经过了一半。

后天是百合音的生日。

它也 7 岁了呀。

我想起了春天时，在石垣岛看到的百合花，真美啊。

随手做点热三明治　　7月6日

下雨、下雨、下雨，最近我的男式晴雨两用伞可算是派上大用场了。

梅干还需要再晒一次才能做好，但一直没有合适的时机。

接下来的一周要是还不出太阳，我的计划就要被打乱了，可看天气预报，多半还会是雨天。

我早饭一般很少吃面包，最近却常常吃。

这是因为我在报纸上看到了一个简单好吃的热三明治配方。

做法真的非常简单。

先用平底锅做滑蛋。

用面包片把滑蛋和火腿夹起来，再放回平底锅里，煎到面包两面金黄。

好吃的秘诀是，在煎面包的两面时，分别放一点点黄油到面包下面。

这样一来就能煎出非常漂亮的金黄色。

煎面包时要用小火。

面包很容易煎焦，这是唯一需要小心的地方。

我一直以为热三明治要用专门的烤盘才能做好，没想到做法可以这么简单。

报纸上的配方里，除了鸡蛋和火腿，还用到了芦笋。我也试着照做了一次，虽然很好吃，但不加芦笋也没什么问题。

干脆只用鸡蛋，简单方便，应该也很好吃。

下午我看了之前录的《狮子之家的点心日》的第二话。

土村芳女士的演技真厉害。

铃木京香女士演的玛丹娜也很传神，狩野姐妹的感觉也不错。

我个人很在意的是饰演六花的那只小狗演员。

那是一只比熊犬，有着典型的爆炸头，嘴巴附近有点脏脏的毛也好，活力四射的动作也好，都和我的想象一致，很多地方让我一边看一边点头，忍不住想："对对，就是这样。"

不知道这只小狗是怎么被运到八丈岛的？

希望它在那里也吃到了好吃的点心。

濑户内海那平静的景色很美，但我突然有点儿想去一趟八丈岛。

看完电视剧，我去给百合音修剪了毛。

疫情以来，我都是在家自己给它剪毛的。

但我不太会挤肛门腺，所以这项我一直带它去医院处理，自己稍微替它修剪一下长太长的毛就行。

每次给它剪毛，我脑袋里都会想起姆明。

我一般会留下它头上和尾巴上的毛，身上其他地方的毛尽量剪短。

如果问百合音:

“可爱时尚的造型和好吃的饭，你选哪个?”

它是一定会选后者的。

所以我计划，把请专业人士做宠物美容的钱用来给它买好一点的狗粮。

虽然我这种外行总会把它的毛剪得乱七八糟的，但百合音不在乎，我也能减轻点经济负担，今后我大概会一直自己动手。

给百合音剪毛的时候，我在听十字军乐队[1]的民谣。

最近不知道为什么，我老在听他们的歌。

简直完全入了迷。

好想去听演唱会啊，现场气氛一定很好。

希望能去演唱会的那天尽早到来。

1 The Crusaders，美国爵士乐队，后改名为 The Jazz Crusaders。

穿山甲

7 月 15 日

是前天吧？我从新闻里看到，法国政府向日本政府提议将奥运会延期到 2024 年，由两国共同承办。

也就是把东京奥运会挪到三年后，在巴黎和东京两座城市同时召开。

如果真有这回事，为什么不在国民层面进行更为充分的讨论，而是草草了事呢？

三年后的话，疫情很可能已经逐渐平息。而且，同时在巴黎和东京两座城市举办奥运会也是一种崭新的尝试，也许会成为改变奥运会形式的一个契机。

先不说这项提议究竟能否成为现实吧，但我还是觉得有点遗憾，至少应该予以重视、公开讨论的。

现在这种状况下真的还要举办奥运会吗？真是

令人不住摇头。但不管怎么说，还有 8 天就是开幕式了。

真是荒诞。

我最近读的书上，频繁地提到“穿山甲”这种动物。

在读到这本书之前，我完全不知道穿山甲这种动物，听说它是世界上被违法交易得最多的野生动物。

穿山甲是鳞甲目穿山甲科的哺乳动物，其中有 4 种生活在亚洲，还有 4 种生活在非洲。

尤其是生活在亚洲的这 4 种穿山甲，常常被偷猎用于制作药材，所以族群数量在急速锐减。

尤其是中华穿山甲和马来穿山甲都面临着灭绝的危机。

受到亚洲穿山甲数量减少的影响，非洲穿山甲的数量也在下降。

人类的欲望真的毫无止境吗?

听说，穿山甲制品也在日本暗中流通。

我立刻在网上查了些资料，穿山甲真是一种美丽的生物。

它全身长满了美丽的鳞片。

这是人工无可比拟的、由神明赐予它们的礼物。

前段时间，我在镰仓参观了一个阿伊努人的布料展览，在展会上，我看到了一句很棒的话：

“天不赐无用之物。”

的确如此。

所以，人不应该忘记对生命抱有感谢和敬畏，不应该为了追求享受和金钱而随意夺走生命。

人类为了捕捉穿山甲，深入自然的秘境中去，于是也把各种未知的病毒带回了人类社会，使其蔓延开来。

无论新冠疫情还是异常的气候变化，人类的野心到最后折磨的总是人类自己。

听说 2010 年的温哥华冬奥会期间一共使用了 100 只哈士奇犬来拉观光雪橇，但在奥运会结束后，这些没有了作用的狗全都被杀掉了。

大约 1 周后，东京奥运会就要开始了。

现场几乎没有观众，所以新修的体育馆中的观众席也白费了。

决定奥运会是否举办的这些政治家，归根到底也是由我们的一张张选票选出来的。这么一想的话，这一张选票的分量可不轻，要慎重呀！

从外国远道而来的运动员们也没有受到什么“好好招待”，这种形势下，就算日本运动员拿了很多金牌又怎么样呢？这称得上是公平的竞赛吗？人们心中都会有这样的疑问吧。世界上其他国家的人又会如何看待日本呢？

昨天开始，我好像听到了蝉鸣声。

晚上去澡堂泡澡，是我最近唯一的乐趣。

这个夏天，干脆把自行车洗干净，骑车去澡堂吧。

捷豹　　7月23日

最近经常早起去散步。

起床就给百合音戴上牵引绳，一起出门。

早起散步真舒服啊！

天气还不热，微风时不时拂过身侧，百合音的脚步也很轻快，蹦蹦跳跳地向前走着。

夏天的早上，心情格外舒畅，打开窗户的声音、电视机里主播的声音（多半是NHK频道）、咖啡的香气、家人聊天的声音……充满了各种各样的声音和气息。

前几天，百合音扯着绳子带着我在河边散步，走着走着，我们走到了一条小巷里。我突然被一样东西吸引，停下了脚步。

那里停着一辆很酷的车。

自从考了驾照以后，我总会稍稍关注别人开的是什么车。

看到了好看的车，就忍不住会看一下到底是什么品牌、型号的车。

那辆车线条流畅，颜色是我最喜欢的那种微泛蓝光的亮灰色。

绕到车前头一看，上面有个雪貂一样的标志。

噢噢噢！原来是捷豹啊。

真有品位，真好看啊。我忍不住盯着它发了一会儿呆。

我都不敢想象自己有一天能开上这辆车，不过光是看看也很养眼。

另一种我很喜欢的车是宾利。

给我来开或许有些浪费这么好的车，但我真的很喜欢。

我对车知之甚少，不过，让我觉得“哇，好好看”的车，仔细一看往往都是宾利。

话虽如此，就算真的中了彩票，我肯定也不会买捷豹或者宾利。

我对车的要求是保证安全。

而且一定要有自动泊车功能。

所以我会选的肯定是日本产的那种最普通不过的车。

普通的就是最好的。这是我骑自行车的时候就常常有的感悟。

一开始，我想着既然要买，就买辆我梦想的货运自行车。

这种车的前面或者后面会装有一个很大的筐。

在柏林的时候，我常常看到有人骑这种车。

我看过别人骑这种车一次带 3 个小孩都很轻松的样子。那个时候，我总是幻想有一天自己也能骑上这种车。

先不说日本的交通情况和欧洲很不一样，首先以这种车的大小，得要一个停汽车的停车位。

所以最后我还是选择了最普通的自行车。

车轮也小小的，等红灯的时候，脚可以轻松地撑到地面。

我特意在车的前后都加装了车筐，这可帮了我大忙。

到了光线比较暗的地方，车灯能自动打开，我对这辆普通的自行车很满意。

前几天，《天然生活》[1] 的特辑里登了一张我的自行车的大幅照片。

我多少有点惶恐，这么普通的自行车，哪有必要大张旗鼓地宣传呀。但居然收到了很多读者的询问，让我吓了一跳。

大家关注的好像都是那个大车筐呢。

世界上让人摸不着头脑的事可真多呀。

帅气的自行车也好，时尚的自行车也好，大街小巷里多的是。

但我已经不再关注这些了。

1　日本生活杂志，倡导恬静和安逸的生活方式。

就算有再帅气、时尚的设计，如果不好骑的话，那我是一定不会选择的。

我觉得真正的好东西，应该是没有花哨的设计，并且很好用的。

生活中重要的东西，应该兼具美观性和实用性。

只有外表好看，实际却很难用，这样的东西我才不需要。

这样说起来，捷豹和宾利属于哪种呢？

我也有点儿想去试驾一次，体验下实际操控方向盘的感觉，不过我这样的新手还是算了吧。早上去看一眼那辆美丽的捷豹，是我近期的一项隐秘的快乐。

防暑用品　　7 月 26 日

本来，这个时候我应该在法国南部的。

小噼从柏林搬到法国南部的时候，我们就约好了这个夏天我要去那里找她。

我已经收拾好了行李，买好了保险，约好了 PCR 检查[1]，就在快要出发的当口，我还是决定不去了。

或许这个决定是正确的。

在法国，没有疫苗接种证书就不能进餐馆和咖啡厅，英国全面放开防控之后，也不知道疫情会不会波及法国。

越想越觉得不安全，虽然真的真的很想见小噼，但最后这个夏天我还是和去年一样留在日本了。

1　针对多种病原体，如细菌、病毒、真菌的 DNA 或 RNA 进行的一项检查。

天气真的热了起来，我也要开始认真准备我的防暑用品了。

首先是食物。

平时我不怎么吃冰的东西，但夏天一定会吃很多。

冰箱里绝不能缺少摇摇晃晃的咖啡布丁，还有中华冷面，我简直可以每天都吃这个。

素面、冷麦[1]、荞麦、乌冬，这些都可以蘸凉拌汁吃。

用卡佩利尼[2]做冷番茄意面也不错。

还有煎茄子。

把茄子表皮煎到金黄，然后放凉再吃。

喝茶我也喜欢把中国茶放进冷水里，直接冷泡。

高汤也可以放一点海带和小鱼干，直接用冷泡的方式做。

我费尽心思，反正尽量不开火。

1　切细后冷却食用的乌冬，加热食用的则被称为“热麦”。

2　一种意面类型，名字来源于意大利语中的“发丝”一词，是目前最细的一种意面。

天热的时候，我会在手腕和手脚上都喷一点薄荷精油，人一下子就会清爽很多。

我用的是日本薄荷的浓缩精油，加点水稀释一下就可以了。

它还能防蚊虫，我出门之前都会喷一下。

还有，我很推荐和服里穿的短衬裤。

我是为了在夏天穿和服专门买的，很薄又很柔软，穿起来非常舒服。

腰带是橡皮筋的，很方便，出了汗也干得很快。

穿那种有点透的短裙或者连衣裙时都很适合穿它，夏天我也很喜欢把它当作睡裤穿。

价格也很便宜，可以买几件备用，很方便。

当然，最好的防暑用品必须是啤酒。

特快稻穗号　　7 月 28 日

我第一次从日本海这一侧去山形。

先坐上越新干线到新潟，再从新潟坐在来线的特快稻穗号去鹤冈。

听说我们正好和台风擦肩而过。

提前一天出发果然是对的。

过了新潟，车上就能看见断断续续的日本海海岸线了。

我就是为了这幅景象，才特意选择陆路去的。

之前每次去山形，我都是坐新干线“翼”号去的，那条线经过的都是内陆。

这次我选择了反方向，沿着日本海观光。

越过县边界，一进山形，我就被美景直击了胸腔。

日本海真美啊。

这里难道是蔚蓝海岸[1]吗？满眼都是风光明媚的景象。

我以前总觉得日本海又阴沉又冷，到了这个年纪，终于体会到了日本海的美丽。

我订的旅店在很偏僻的乡下。

感觉是家很不错的旅店。

房间里有桌子，床也很硬，我格外欣赏的是床单没有塞到床垫下面去。总之，各方面都让我非常满意。

还有露天温泉和很不错的桑拿房。

昨天傍晚，我 5 点半左右就去泡温泉了，结果不知不觉就待到了 10 点半。

这是我离开柏林以后，享受过的最满意的桑拿。

浴池正对着一大片围着围栏的水田（里面还没有种水稻），开阔得让人感觉不可思议。

水黾在水面上游来游去，小鸟、蜻蜓……各种各

1　法国东南沿海，是法国著名的度假胜地。

样的生物就在我触手可及的地方嬉戏玩耍。

我蒸完桑拿就一直在空无一人的浴池里泡着，发着呆看夕阳慢慢落下去。远方的天空中升起了烟火，真幸运。

本来8月要举办的烟火大会因为疫情被取消了，改为每天晚上少量放一些烟花。

夜空中星光闪烁，浴池里没有一个人，我可以偷偷在浴池里游泳，也能练会儿瑜伽、在一旁冥想。

我有多久没有以如此近的距离聆听蛙鸣了？

应该只有一只小小的青蛙，它发出的声音却十分高昂，就像歌剧中的男中音歌唱家一样。

我的桑拿之魂完全燃烧了起来，蒸桑拿、泡冷水、风干、泡热汤、再去蒸桑拿，我简直无法从这个循环中自拔。

好像突破了某条线，我简直想永远待在澡堂里。

早上，我又一边眺望出羽三山的美景，一边蒸桑拿。

台风好像快来了，朝霞中的山色朦朦胧胧、若隐若现。

庄严的群山，生活在山麓的人们，还有一片片田地。

水田真的很美。

雨停了，乌云散去，渐渐露出了蓝天，我打算去骑一会儿租赁自行车，然后去吃个拉面吧。

或者不出门，就待在房间里，旅店里有很多书，一点儿都不会无聊的。

河水冰镇桃子　　8月1日

出羽山之旅的最后一天。

我把酒店准备的早饭拿了一半装进木制便当盒里，朝着月山山麓那片广阔的原生林出发了。

那是一片山毛榉林，置身其中，让人心旷神怡。

是因为叶子的颜色格外明艳吗？

虽然是周末，但森林里几乎没有人（我只遇见了一对在河边牵着手散步的情侣），待得很舒服。

我准备去寻找月山里的山泉，在那里喝杯咖啡。

把咖啡滤纸架在纸杯上，再把从酒店带来的提前装在水杯里的热水淋上去。

我发现，原来不用专门准备户外用的咖啡用具，只要花些心思，无论用什么东西都能泡好咖啡。

我用的咖啡粉是从酒店的商店里买来的，是山形的一个叫作寒蝉咖啡的品牌。

在野外，咖啡也格外好喝。

我深深感叹，这可真是奢侈的享受啊。

在山毛榉林里闲逛了一会儿后，我坐着缆车到了月山的九合目[1]。

在这里，我一边眺望美丽的山色，一边享用我的午餐。

木制便当盒真方便呢。

最近，我只要出门旅游，基本都会带上木制便当盒。

里面可以放一些容易坏的点心，放一些水果，但最主要还是用它来装早饭。

我平时习惯快到中午才吃饭，一大早很难吃得下酒店准备的早餐。

1 日本的登山用语，将从山底到山顶的距离分为一到十合目，山麓即一合目，山顶即十合目。

所以，我一般只把汤和一些放不进便当盒的食物当场吃掉，剩下的饭和小菜什么的就都放进木制便当盒里，留到中午再吃。

这么做真是太对了，既不用浪费食物，还能在喜欢的地方随意享用美味的便当。

在这种地方，如果用塑料制的容器或者保鲜袋就会有点儿扫兴了。

木制便当盒能让水分适当蒸发，饭菜就不会受潮，吃起来很舒服。

我一向自称木制便当盒推广委员会会长！真希望世界上有更多人来使用木制便当盒。

如果每个人都有一个木制便当盒，无论是旅途中还是日常生活中都能心情愉快。

我平时在家也会用它装米饭，当作饭桶的替代品。

再次坐上缆车，下了山，我去了酒店老板告诉我的一个水很干净的地方。

这好像是当地人才知道的地方，如果他没有告诉我，我肯定会错过的。

隐藏在小路后面的，是另一个闪耀的绿色世界。

飞溅的河水落在长满青苔的石头间，仿佛形成了一个小小的瀑布。

我把带在身上准备当零食吃的桃子拿出来，放在河水里冰镇。

这水可真冷呀！

我只把脚放进去泡了 10 秒左右，身体就冷得一阵阵发颤。

不过，这水的味道可真是惊人呀。

记忆里，我从来没喝过这么好喝的水。

不愧是月山中的天然水，没有一丝异味，喝下去就像一道凉爽的清风吹进了身体里一样。

这水仿佛唤醒了身体中的每一个细胞，让生命焕发了活力。

我连皮一块儿把桃子吃了个干净。

这桃子也非常美味。

冰凉的感觉刚刚好，熟的程度也恰到好处，简直是人间极致的美味。

用河水冰镇桃子。

我要把这个设为我自己的二十四节气之一。

我在山形待了 5 天，心满意足。

在最关键的时候，登山鞋的胶底脱落了，害我出了一身冷汗，还好勉强应付了过去。

这双鞋好像是登富士山的时候买的，算起来也用了快 15 年了。

它非常防水，而且不用系鞋带，采用了转动轮盘调整线圈的设计，所以穿起来很方便，我去国外的时候也经常穿它。

下雨的时候我也会穿它，穿上很好走路，我简直离不开它。

没想到在这种节骨眼上它会坏掉！

登山前一天晚上，右脚的鞋底就开裂了，但实在来不及去店里买新的了。

我想去便利店买点胶水把它粘上，但到处都找不到便利店。

就在我觉得实在不行只能放弃登山的时候，突然间，我想到成功栽培出无农药苹果的木村秋则先生曾说过的话，于是绞尽脑汁，还是想试试看有没有办法解决。

就在这时，我想到，酒店里有一些塑料绳，可以用它把鞋底绑起来。

为了防止途中鞋子再开裂，我又特意多带了一些绳子，这么做果然很明智。

刚开始登山没多久，继右边的鞋子之后，就连左脚的鞋底也裂开了，多带的绳子立刻就派上了用场。

用心，真是很重要啊。

如果放弃了的话，就什么收获也没有。

多亏了这份坚持，我的山形之旅很完美。

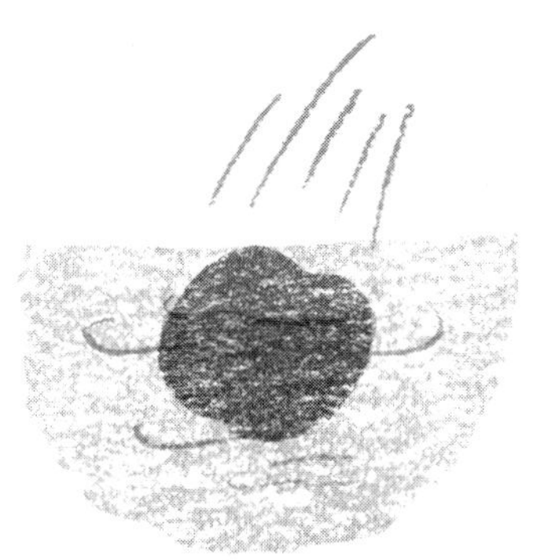

Less is More[1]　　8月11日

我现在在安昙野的山里。

这里虽然算不上什么深山老林，但目之所及的大多数地方都充满了绿意，让人看了就很舒心。

因为树很多，这里也能听见很多蝉在高歌。

一天两顿饭，只是用蔬菜和玄米制作的粗茶淡饭。

但也非常美味。

两餐饭的时间分别是早上十点半和傍晚五点半，跟我平时吃饭的时间差不多，这一点我也很满意。

乍一看饭菜的量有点儿少，但吃起来就觉得刚刚好。

1　少即是多，德国建筑师路德维希・密斯・凡德罗的名言。

因为用了玄米，很需要细嚼慢咽。

虽然都是玄米饭，但每天都会放进不同的材料，比如梅干、海苔等，并不觉得单调。

小菜一样充满了新意，比如番茄拌豆渣、咖喱风味的南瓜或牛蒡，都是我绝对想不出来的菜式。

每天都有换着各种花样的菜式，一点儿也不觉得腻。

负责菜单的人好像是每天轮换的，大概这就是我总吃不腻的原因吧。

这里的员工都是些很年轻的孩子。

前几天的奥运会闭幕式上，也有许多十几岁的孩子大显身手，令人惊叹。

这些孩子真的是全新的一代人啊。

他们心中没有多余的杂念，不在乎国家、故乡这些东西，只是一心享受体育的快乐。

在这些做饭的孩子身上，也能看出那股高兴的劲头。

我希望随着这些拥有全新价值观的孩子的出人头

地，这个世界的风气也能一扫而新。

我想，现在世界正是朝着这个方向在发展。

前几天，我学到了一个说法：

Less is more.

意思大概是说，拥有的越少，反而更富有。

也就是告诉人们知足常乐。

我想，我们人类现在正处在重要的临界点上。

地球温室效应也好，粮食危机也好，都是如此。

富有的国家大量扔掉食物，却仍有大量的人困于饥饿。

饥饿又带来了纷争。

如果我们每个人不重视这些问题、不立刻采取行动的话，真的会引发惨剧。

回顾我自己的饮食，我真的觉得，虽然吃好吃的东西很让人幸福，但过量饮食不是一件好事。

如果发达国家的人都能减少吃肉的数量，那么用作这些动物口粮的粮食就可以节省下来，供给饥饿的人们。

当然，要大家完全不吃肉也很困难，但至少可以一点点减少食肉的数量。

我原本也不是那种爱吃大鱼大肉的人，但今后，我想可以再少吃一点儿。

吃到七分饱就足够了。

细细咀嚼，仿佛在口中和蔬菜们对话，表达自己的谢意。

仅仅如此，我也能吃得心满意足了。

看见他人用心为我准备饭菜的样子，我就更想要认真对待这些美食。

这就是人生的一种良性循环吧，希望这种生活方式能进一步推广开来。

我现在非常担忧疫情的走向。

今后，注射了疫苗的人和没有注射疫苗的人，会不会分裂成两个阵营，在全球范围内形成对立呢?

我现在真的很担忧。

前几天，我突然想到，会不会我接下来的人生都要戴着口罩度过了？只是想象一下，我就浑身冒冷汗。

如果地球温室化加剧，冰川进一步融化，也可能有未知的病毒进入人类社会。

我个人认为，对抗新冠病毒最有效的办法就是提高自己的免疫力。

所以，我很注意吃得健康，减轻压力，保证睡眠质量。

今天早上，我在森林里冥想了一会儿。

身心舒畅，难以言喻。

去原生林 8月18日

这已经是好几天前的事了，但那时看到的美景还刻在我脑子里，不能忘怀。

有明山的表参道登山口附近的那片原生林。

巨大的岩石上爬满了青苔，摸上去就像野兽的毛皮一样，毛茸茸的。

触感温热，带着微微的湿意，那旺盛的生命力，仿佛能感受到它的脉搏一般。

朽木上生出了新芽，按说它已经快腐透了，根部都已经空洞了，却还在顽强地生长着。

这片森林是如此自然、和谐、原始，在我来看美得无与伦比。

这是一个互惠共存的完美世界。

这里的树木只吸收足够维持自己生长的水分，不会想要尽量占有所有的水。

大岩石就像是地球的缩影一样，孕育着众多植物，是新生命的温床。

还有水。

岩石和土壤的表面涌出水，汇聚成河。

处在这样的地方，你真的能切身体会“山是储水池”这句话的含义。

最近我常常置身在这样干净的水边，心中仿佛也涨满了生的喜悦。

生活在都市之中，人很容易变得傲慢，只有置身山野，才会发现自己原来错得有多离谱。

人永远都应该更谦逊一些。

有人说，灵魂是水做的，这话或许说得没错。

我心中的水与外界的水仿佛在此刻共鸣，融为了一体。

所谓美，应该就是这样的世界。

思想、语言、行动　　8月31日

今天是8月的最后一天。

附近的母鸡或许也苦于暑热吧，最近我买的鸡蛋都特别小。

今年可真热啊。

不过，越小的鸡蛋好像蛋壳越结实，这些小小的鸡蛋也颇有分量。

我最近在书上读到一句话——让思想、语言和行动保持一致是很重要的，吓了一跳。

的确如此啊。

如果这三者不能和谐统一，就会产生压力。

有时明明心里想的是一回事，实际行动却是另一回事。

嘴上说的是一回事，做的事又是另一回事。

毕竟是人，这三者很难永远保持一条直线，但我们还是应该极力让它们统一。

这就是所谓“坦诚”的生活方式吧。

今天我用清洁剂认真清理了用了一个夏天的厨房地板，整个人累得不行。

或许有些心急，但我已经把 8 月的日历换成了 9 月的，准备迎接秋天。

前几天下了大雨，窗户被雨淋得脏兮兮的。我想擦窗户，但眼见后面几天还要下雨的样子，就先作罢了。

秋、冬、春、夏。

以体感的舒适度来衡量，这是我的季节排名顺序。太喜欢秋天了。

希望习习凉风早日到来！

秋刀鱼和澡堂　9月12日

早上，我骑着自行车准备去练瑜伽，不知道哪儿飘来一股甘甜的芳香。

香味的源头是金桂。

金桂飘香，秋天就在这飘荡的香气中到来了。

在疫情阴霾下的生活里，我见得最多的外人，搞不好就是瑜伽课老师。

只要不是下大雨，我尽可能每节课都去，从去年夏天起，我就一直跟这位老师频繁地见面。

上周人最多的时候只有3个学生，这周干脆只有我一个人了。

我认识这位瑜伽老师已经15年，不对，搞不好已经快20年了，他每周末都要把同样的姿势用同样的语言教上一遍，真是了不起呀。

除了在柏林的那几年我们没怎么见面以外，我练瑜伽时基本都会找他。

我总是趁练完瑜伽回来，顺便去商店街逛一圈买东西，昨天我去鱼铺买了些秋刀鱼。

去年的秋刀鱼可贵了，而且也很小。

跟去年比起来，今年的秋刀鱼不仅大了一些，而且一条才 350 日元[1]，还比较便宜。

想到冰箱里还有点儿萝卜，于是颇为期待地买了点秋刀鱼。

工作日去澡堂，周末去练瑜伽。

我保持健康的秘诀就是这两项事情。

最近我在澡堂认识了一位女性，偶尔会交谈几句。

我们总是差不多的时间去澡堂，所以我早就知道

1 约人民币 16 元。

她，但既不认识，也从来没有主动找她说过话，只是在背后默默听着她和别人聊天。

她70岁出头，我知道她以前是做什么工作的，也大概知道她是什么样的人，还知道她博学多才，很喜欢看书。

虽然一直保持这样的关系也不错，但毕竟每天都会见面。有一次，露天浴池里只有我们两个人时，我忍不住主动向她搭了话。

“一下子就入秋了呢。”我应该是说了句类似这样的话。

听说她自从23岁时做了盲肠手术以来，这50年间从来没有动用过医疗保险。

那天，我们四个常去这家澡堂的人，刚好都聚在了外面的浴池里。

我们泡澡时，为了保持社交距离，各自挑了长方形浴池的一角待着。

另一位熟客问她：“您保持健康的秘诀是什么？”

“首先是，早睡早起。然后，多吃应季的蔬菜。

还有就是，决不说别人的坏话。”

嗯嗯，原来如此。我们三个人听了这话都不住点头。

我想，最关键的可能是最后一条，决不说别人的坏话。

前两条我都还算做得不错吧。

我也不算太爱生病，但一年里差不多总也要用一回医疗保险的。

不愧是人生的大前辈呀，说出的话真是沉甸甸的，很有道理。

对了对了，说起泡澡，我最近发现一件事……

最近的年轻人，好像基本都会剃除体毛。

在德国，无论是男性还是女性，都有剃毛的习惯，但这个夏天，我好像突然发现日本这么做的人也多了起来。

如果只在家里泡澡，就肯定不会注意到这种事情。

我一直想把这个话题写进小说里，但总也没有找到合适的契机。

去澡堂总能发现一些新鲜的东西，真有意思。

还有十天左右，就是中秋月圆的日子了。

我从北海道订了一个很大的南瓜，用来做了南瓜布丁，做出来的布丁就像满月一样。

我是照着野村友里小姐的配方做的，配方是在我手头的《七绪》杂志的新刊样书上看到的。

这个配方好像是她从她那手艺高超的母亲那儿学来的。

做法很简单，既不需要过筛，用到的材料也不复杂，但做出来很好吃。

我也在这一期杂志上写了一篇随笔。

本来这个月我终于能去试听茶道课了，满心期待了好久，但因为疫情，还是去不成了。

到底什么时候，我们才能毫无顾忌地摘掉口罩，在外面走路呢?

那位在澡堂认识的女性估计，这种情况还要持续上四五年。

我也觉得，说不定真得要这么久。

比起期待回到之前的生活，或许琢磨一下怎么转变生活方式、适应当前的形势更有用。

我们已经进入了一个新的时代。

地镇祭[1]　　9 月 22 日

今天正好是大安日[2]，所以我们办了地镇祭。

去年深秋，我在八之岳随便看了看二手房，最后居然买了片土地，还去考了驾照，跟设计师讨论定好了建筑样式，核了好几遍价。今天我的房子终于要开始动工了。

没想到有一天我也会当上“施主”呢。

人生还真是难以预料。

一年前的我应该完全不会想到，一年后会发生这些事情。

就好像有什么东西在背后推了我一把，回过神

1　日本神道教仪式，一般开工建房子之前会举行该项仪式，意为驱逐恶灵，并祭祀当地的守护神灵，保佑平安顺遂。

2　诸事皆宜的吉日。

来，已经是现在这副样子了。

时隔很久，再次看到属于自己的土地，感觉很不错。

这片土地上有不少巨石，所以它的价格比别的地段便宜不少。

对旁人来说，这些石头不过是碍事的东西，但对我来说，它们简直就是宝石。

我记得有人说过，你觉得舒服的地方就是你的能量源。这么说来，八之岳的这片土地，就是我的能量源。

自己的能量源只有靠自己才能找到。

建造山间小屋的详细过程，我在《美好的手作》这本杂志上连载的《全是弯路的山间小屋日记》这篇文章里有介绍过。总之，这间小屋基本上就是我的工作室。

这里只有我一个人住，所以我拜托设计师完全按照我个人觉得舒服的方式来进行设计。

我希望这里能是一个让人觉得像是被穿惯了的羊

绒毛衣包裹着一般的舒适的地方。

这片土地的海拔有 1600 米，所以保暖工程是重中之重。

如果买公寓的话，就不需要操心房子的结构如何设计，但从零开始建造一栋房子，就必须考虑好这些最基础的构造。

和装修、改装相比，要操的心可完全不是一个级别的。

听说，日本房子的平均寿命是 30 年。

跟欧洲的房子比起来，这个数字要小得多。

所以，我希望我将要建起的这座山间小屋能尽量结实，能住更长时间，而不是随便住住就坏了。

隔热材料、地板、厨房的样式、壁炉……我在不断地做着选择。

当然，预算也是很大的问题。

在重重限制之中，做出对我来说最优的选择，这真是太难了。

有很多东西都需要学习，不充分理解的话简直无从下手。

而且，无论多好看的设计图，都需要工人们一点点动手才能变为现实。

同一张设计图，交给不同的人来施工，做出来的东西很有可能天差地别。

幸运的是，长野有很多厉害的工人。

今天，我往神棚上供奉了祭品，请神主祈福，念诵了祷词，希望工程能顺利进行。

世界上所有的东西，都是人类意识的物质化表现。在观看建造房屋的过程中，我真切地体会到这一点。

在什么都没有的地方，修建起一栋建筑物，真是一件了不起的事情。

说起来，我属于“买房派”。

我经常劝周围的人买房。

把钱用来交房租其实很不划算，有一栋自己的房子，就能把房租存下来，自己的财产就能慢慢增值。

而且我觉得，无论是房子还是床品，这些东西反正都是要用的，晚买不如早买。

20岁买，30岁买，还是40岁买，最后都是一回事，那么还不如早点买下来，越早用上，过得舒服的时间也就更长一些。

尤其是房子，房贷的利息相对比较低，感觉早点挑选自己喜欢的住处，住得越久也就越划算。

当然，这只是我个人的观点。

今天这一天　　10月4日

早上5点左右，我就醒了，但和百合音一起在被窝里赖了一会儿床。

6点前，我起了床，烧了开水泡茶喝。

今天喝的是三年的陈茶。

我对着佛像合十拜了拜，给百合音吃了我亲手做的早饭，然后就开始练瑜伽（拜日式）。

看了眼天气预报，今天还是很热，所以我给百合音戴上了脖套，决定趁早上带它去散步。

今天选择的散步路线是街行路线（还有公园线和森林线）。

经过集体住宅区前的儿童公园时，百合音激动得再也按捺不住自己了。

我实在没办法，只能放开绳子让它自己去玩闹了。

回了家，我看了会儿新闻。

早上 8 点，我开始工作。

我在写新的小说。

11 点，工作结束。

吃早午饭吧！

今天吃炒饭。

饭后甜点是咖啡和小蛋糕。

稍微睡了一会儿午觉。

下午做手工肥皂。

这是我做的第四块肥皂了。

秋天很适合做肥皂，也适合做味噌。

我现在做的这块肥皂是蜂蜜香皂。

气味很好闻。

做完之后，我将在读卖新闻的晚报上连载的 5 篇文章打包发给了责编。

傍晚 4 点左右，我开始准备晚饭。

之前我从附近的农田里摘了些苦瓜，今天就吃苦瓜炒羊栖菜吧。

我把洗干净的衣服收回来、叠好，4 点 45 分准时出发去泡温泉。

泡在汤池里，我幸福地想着，今天也能泡上温泉，真好啊。

说起来，天黑得真是越来越早了。

今天，我 5 点半左右就进了露天浴池，外面的天色已经有些暗了。

6 点钟我骑着自行车回家时，天已经完全黑下来了。

在外面还隐约能闻到金桂的香味，但恐怕也只剩最后这一阵子了吧。

回到家里，我喝了啤酒。

我最近很喜欢喝的啤酒是东京福生市的石川酒造出品的“TOKYO BLUES”。

喝起来和德国的啤酒已经几乎没有什么区别了。

佐酒的小菜是泡澡前就准备好了的、放在冰箱里冷藏的苦瓜炒羊栖菜，还有西京渍鲕鱼和用从山形寄来的滑菇做的冷荞麦。

啊，真幸福啊！

百合音也很喜欢吃荞麦面，我分给了它一些，它高兴坏了。

最近，我每天都过得非常充实，回过神来自己也吓了一跳，时间过得可真快啊。

晨光　　10月19日

昨天我睡得很晚，所以今天早上赖了会儿床，起床时房间里已经洒满了晨光。

仿佛有人按下了切换季节的开关一样，一下子就是冬天的感觉了。

这几年，让人感觉很舒适的春季和秋季好像越来越短，四季被分为了寒冷的“秋冬”和酷热的“春夏”两大类。

这么说来，感觉昨天就算入冬了。

今天我已经冷得穿上了毛衣。

该准备换季的衣服了。

室内穿的鞋子该换成保暖的鞋子，毛茸茸的毛线短裤也到了出场的时候。

帽子也从夏天用的换成了冬天用的，在棉被上又加了一层羊绒毛毯。

随着天气慢慢变冷，我的被子会越盖越多，到了最冷的时候我要盖四层，又是被子，又是毛毯，把自己裹得像夹心饼干一样。

天气一冷，百合音就会钻进被窝睡觉。它就像个暖水袋一样，我也很爱和它一起睡。

我想起了柏林的深秋。

路边的树木都染上了金黄色，一片又一片的落叶缓缓飘落，等到树叶基本落尽，只剩下光秃秃的枝干时，冬至就来了。

天色很暗，天气很冷，我却每天都期待着太阳升起，抓紧时间享受着每一丝阳光。

因为夜晚很长，我有时会在傍晚就喝些白葡萄酒。

今年的圣诞节庆典也一定和往年一样热闹。

人们在漫长的冬天想尽办法寻找一些慰藉，比如在家里点满蜡烛，让房间显得明亮，穿上红色等鲜艳颜色的衣服，庆祝圣诞节。冬天也有冬天的趣味。

东京的冬天总是很晴朗，但这闪耀的晴空总让我觉得少了点什么。

我更喜欢柏林那样的冬天，所有的草木都暂时枯萎，等待被再次唤醒。

万物死去，然后复苏，这样才是平衡的循环吧。

唉，我又有点儿想念柏林了。

秋天也是做手工的季节。

我做好了能用半年到一年的肥皂，准备下一步开始做味噌。

做肥皂和做味噌的感觉有点儿像。

制作工序很简单，剩下的需要交给时间。

天气对成品效果的影响很大，就算用同样的材料，以同样的顺序，每一次做出来的东西都会不太一样，这样才有意思。

今天我收到了在大阪屋订购的生曲。

终于拿到了品质好的生曲，让我松了一口气。

关于甜甜圈中间那个洞的存在理由

10月22日

今天早上好冷。

我毫不犹豫地穿上了毛线短裤。

这条红色的羊绒短裤是我过冬的必需装备，它能把小腹完完全全包裹起来。

穿上这个，整个人都能暖和起来。

不过，我可不想被人看见身穿这个的样子。

最近，大概从周四晚上开始，我给人发邮件的时候就会在末尾加上“祝你过个好周末”之类的结语。

我一向把周五下午算进周末，可能稍微有点早，但从周四晚上开始，我就莫名地有点要过周末的感觉了。

今天天冷，又下了雨，是绝佳的宅家日。

我取消了一切出门的计划，待在家里一心处理味噌。

5月做的味噌已经熟成了快半年的时间。

我尝了一下，味道很不错。

得赶紧把它们放到味噌罐里。

这就是我今天的工作，一边做，我一边再次感叹，时间真是最好的调味料。

希望能做出超级美味的手工味噌！

这几天，我突然特别想吃甜甜圈，所以处理完味噌，我就开始做甜甜圈。

我做的是加了小豆蔻的芬兰风甜甜圈。

实际上，我正在一边炸甜甜圈，一边写这篇文章，得时不时提醒自己，可别太专注，忘记了锅里的甜甜圈。

今天，我想明白了一件事。

一开始，我把甜甜圈面团直接捏成了球形，然后放进锅里炸。

我还以为，这样会更好炸一些呢。

结果吃了一口才知道，看起来炸得很好的面团，里面还完全没有炸透呢。

虽然也不是完全不能吃吧，但如果中间炸得再透一点，应该会更好吃。

我突然想明白了。

甜甜圈中间之所以有个洞，不单纯是因为这样的造型更好看，也是为了能更好地传递热量。

这对我来说可是个了不起的发现。

我简直是恍然大悟。

没有中心部位，就不用担心中间炸不透了。

我要把今天设立为发现“甜甜圈中间为什么有个洞”的纪念日。

今后我会老实地给甜甜圈中间挖个洞再炸。

可喜可贺，可喜可贺。

今天喝的茶是乌龙茶。

刚炸好的甜甜圈搭配乌龙茶，绝妙的组合。

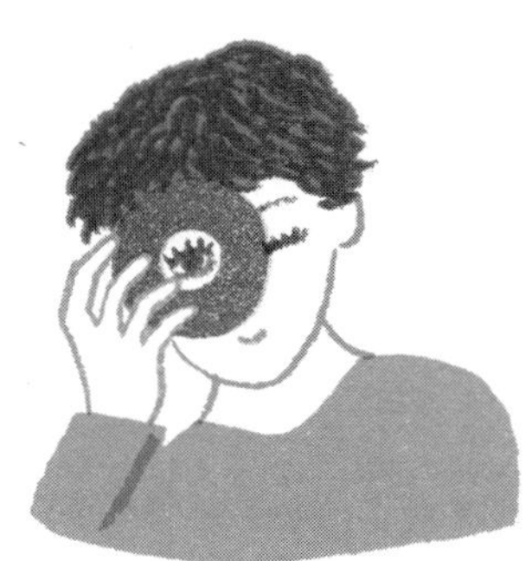

约会软件　　10月26日

我以前听说过，德国有很多男女都是在约会软件上认识、交往、步入婚姻的。

虽然同为欧洲人，但德国人不同于拉丁人[1]，一般不会轻易和人搭讪，认识异性的机会也比较少。

所以他们会使用约会软件。

的确效率更高。

这些软件上可以提前设置好各种条件，从而筛选出符合这些条件的对象。

可以遇见许多一味等待则无法相遇的对象。

虽然邂逅的缘分很美妙，但约会软件这种形式也

1　欧洲有四大民族：拉丁、日耳曼、凯尔特和斯拉夫。拉丁人分布于阳光灿烂的欧洲南部，可能受到气候影响，给人一种天性乐观、喜欢享受的感觉。

不赖嘛。

也许会出现令人意外的结果，也许会让你察觉到以前未曾注意的方面。

我希望有软件可以专门提醒我什么样的商品更适合我，比如冰箱啊洗衣机什么的。不过，说不定已经有这样的软件了呢。

我想，电脑应该比人更擅长从大小、价格、必要功能等方方面面的筛选条件中，挑出最适合每个人的东西吧。

就算我们不完全同意，它给出的意见也值得参考。

那么，接下来就是众议院选举了。

我昨天已经顺利投出了选票。

就等结果公布了。

星期天我要熬个夜，等待选举结果。

这次的选举中，我的高中同学当上了山形选区的候选议员。

希望他能胜出。

他在高中时就是个有雄心壮志的人，我记得他曾经公开发表宣言，自己以后要当政治家，要成为总理。

加油啊！！

说起来，是昨天吗？我又听到了那位大人[1]语出惊人的言论。

“以前，北海道出产的米被人称作‘难吃米’，现在却以美味闻名，这是农民的功劳吗？不是的，是因为气温上升了。一提到温室效应，仿佛它就只有坏处，其实温室效应也有好处的。”

那位大人究竟要在全世界面前丢多少次日本人的脸才满意呢？

哗众取宠也该有个限度。

世界上有那么多人正承受着温室效应的苦果，这种言论在外国人看来应该就像痴人说梦一般。

1　指日本前首相麻生太郎。

这可不比在居酒屋喝醉的大叔发酒疯时说出的话。

说实话，这种人连我们小区的理事长都不配当。

希望他适可而止。

而我能做的，也只有在选举中投出宝贵的一票而已。

今天，我听说了小室圭和真子女士结婚的消息。

原来一旦脱离皇室，尊称就会瞬间从“大人”变成“女士”啊。

我想关于这件事，最应该讨论的是，父母之间的矛盾和纷争，究竟和孩子有多深的关系。

真子女士如今身处异国他乡，一定正感受着前所未有的“自由”吧。

无论是幸福的自由还是不幸的自由，无论是可喜的自由还是痛苦的自由，自由都在自己的手中。

我想，这才是人生应有的面貌。

我正在读幡野广志的《为什么要问我》，这是一本很棒的书。

推荐给大家。

恬不知耻　　11 月 1 日

我在读佐野洋子女士的散文集《不是今天也没关系》。

佐野洋子女士是绘本《活了 100 万次的猫》的作者，就是与诗人谷川俊太郎结了婚、后来又离了婚的那位佐野洋子。

我非常喜欢由谷川先生写诗、佐野女士绘图的诗集《女人》。

我偶尔会一边翻这本书，一边想象两位之间的关系。

我对佐野女士的了解仅限于这些，这还是我第一次阅读她写的文章。

她真厉害，活得如此真实。

在读伊藤比吕美女士的《行道》时，我常觉得她有种“将灵魂裸露在外生活的强大”，从佐野女士的文字中，也能深深感受到这一点。

她本人也曾在《我爱的人们都》这篇文章中说过：

“我决定不再相信任何一种思想。我觉得只有眼前所见的、所触摸到的东西才是唯一真实的。”

而她本人也完全像她所想的那样生活着。

佐野女士的父亲曾在吃饭时对她说过上百次的一句话是：

“不要相信文字，因为比起语言，人总是更容易相信纸上的文字。”

这句话也很有道理。

佐野女士在柏林艺术大学学习过版画。

那大概是在 1967 年，也就是柏林墙建立起来不久的时候，她目睹了东德和西德的对立和冲突。

她一定见证了许多我不曾见识到的风景，从中汲取了思想的养分。

我很喜欢其中一篇文章，是关于佐野女士去医院被告知癌症复发了的事。

她说,从医院回来的路上,她去了家附近的车行。

佐野女士是名国粹主义者，在那之前她从不坐外国产的车，还说过自己“最讨厌买国外二手车的那种人”。

但那时她去的那家车行正是一家外国车的专卖店，她指着一辆墨绿色的捷豹说：“我要那辆车。”

真帅气啊。

其实在佐野女士的内心，墨绿色捷豹一直是最美的东西。

她说：“这是我最后的物欲。”

也许，我有些羡慕这种能够若无其事地打破常规的人。

如果我的人生已经快到终点，我大概也会想要开一开捷豹吧。

我也要带着这种朋克精神，一直走到生命的尽头。

我去查了一下墨绿色捷豹到底是什么样子的。哇！在看到图片的瞬间我忍不住叹了口气。

真是高雅而美丽的颜色啊。

佐野女士癌症复发的位置在左腿的大腿根部，她的左腿会很疼，但右腿可以正常使用，所以她还可以自己开车。

即使癌症复发，佐野女士也没有戒烟，因为出租车开始禁烟，她也不再乘坐出租车，而是一边抽着烟，一边开着自己那辆捷豹。

她说："还省了出租车费。"

直到 72 岁去世之前，佐野女士一直在坚持写文章。

她的文字极大地鼓舞了我，或者说，是我人生的参考。

她最后一篇文章中的最后一行提到了"恬不知耻"这个词，我似乎很久没见过这个词了。

"恬不知耻"是说一个人丝毫不在意自己的卑劣，那副样子恐怕令人厌恶，但我总觉得，用这个词形容佐野女士的人生可以说恰如其分。

我想，我也要坚持写日记，直到我死的那天为止，如实地记录我的人生。

我时不时会想象一下，自己理想的老太太画像。

我想变成什么样的老太太呢？佐野女士大概就是我其中一个理想的模本。

以前，我的理想型是塔莎·杜朵[1]，但佐野洋子也很不错。

她们是完全相反的两类人，一个像小精灵，一个是脾气坏的老太婆，不过这两种类型都不错。

我憧憬佐藤爱子[2]那样的生活，但筱田桃红或者树木希林[3]也很帅。

这么看来，理想的老太太的生活方式也有很多种类型。所以我理想的老太太究竟是什么样子的呢？这

1 Tasha Tudor，美国艺术家、插画师，向往田园生活，被大家称为“杜莎奶奶”。

2 日本作家，代表作有《90岁。有什么可喜可贺的》《晚钟》《战斗结束后天黑》等。

3 日本演员，代表作有《步履不停》《比海更深》等。

个问题总归还是没有答案。

开诚布公地活着、干脆利落地面对死亡、将自己的这一辈子全都展示出来的人。给后来的人勇气和启示的人。

我想了一会儿，脑子里浮现出来的人是伊丹十三[1]。他结束了自己的生命，从这一点上来说和其他人或许不太一样。

我非常非常中意伊丹先生对美的看法。

而且，对男人来说，“开诚布公”这件事的难度本来就更高。

我想，这很大程度上是因为男人不能生孩子。

对女性来说，生育的过程本来就必须暴露在世人眼下，不暴露自己的话，本来也怀不上孩子。

《活了 100 万次的猫》是一个在念大学的朋友送给我的生日礼物。

很久没读这本书了，读读看吧。

1　日本导演、编剧、演员，代表作有《蒲公英》《鸿运女》《超市之女》等。1997 年，被狗仔队诽谤，为表抗议，跳楼自杀身亡。

滑菇 11月8日

我收到了山形寄来的野生滑菇。

我很喜欢吃滑菇。

在柏林的时候，我会珍而重之地用宝贵的滑菇干做菜。

现在回日本了，我可以尽情地想吃多少吃多少了。

野生滑菇真可谓无上的美味。

我觉得野生滑菇比松茸更加好吃。

从上周四开始，我的身体就不太舒服。

我差不多每年都会有一次突如其来的剧烈腹痛。

半夜我肚子疼到疼醒了，然后一晚上都翻来覆去地睡不着，痛得不得了。

可能是吃了不干净的东西，也可能是受凉、疲劳等因素加在一起吧，总之这次腹痛的程度几乎前所未有。

平时我自认算是肠胃比较好的，但偶尔掉以轻心的时候就会来上这么一次。

脑子里能反应过来“啊，又是那个”，身体却不听使唤。

我想，生孩子的疼痛大概就是类似的感觉吧？

意识痛得模糊了，感觉自己都不像自己了。

因为这个缘故，周五我一整天都穿着睡衣躺在床上。

澡堂自然是没去成，一整天只吃了点苹果。

周末我预约了脊柱按摩，于是顺便跟医生聊了聊我的情况，他替我触诊了一下，说可能是胆囊的问题。

我很意外，我一直以为是胃的问题呢。

医生问我，最近是不是吃了什么油腻的东西？我想到那天晚上我吃了炒面。

应该是猪肉吧。

那块肉不太新鲜了，肝脏为了消化它而产生了大量胆汁，胆汁被输送到胆囊中，却无法通过胆囊顺利输送到身体的其他地方，所以产生了疼痛。

的确，疼痛的源头好像是胆囊附近。

医生看了一下我的脚底，就立刻说，我脚底对应胆囊的地方有一个硬块。

所以只要我在着了凉、喝了酒而导致内循环功能比较弱的时候，又吃了不好消化的东西，就可能会出现类似这次的反应。

我本来就不常吃肉，就算吃一般也会选择脂肪比较少的部位，或许就是无意识中察觉到了自己身体的弱点，在进行防御吧。

比起肉，我觉得每年应季的野菜和蘑菇更加美味。

对生病刚好的我来说，滑菇很有营养价值。

不过，因为是野生菌，还不能马上开吃。

上面还沾着许多树叶和泥土，得先认真清洗干净。

我换了好几遍水，才把足足 1 公斤的野生滑菇清洗干净。

把洗干净的滑菇放到锅里，开火“炼”它，说起来“炼”蘑菇这个说法好像是山形地区独有的。

总之，就是不放一滴水，直接开火加热。

这么一来，滑菇就会渐渐渗出黏液。

不要管它，继续加热，直到滑菇完全变软，再从锅底开始翻拌。

最后，我会加上一点点日本酒和酱油来调味。

这样就算做好了，可以加上萝卜泥一起吃，也可以盖在荞麦面上吃。

今天晚上，我做了滑菇螺旋意面。

用高汤把芋头、莲藕、牛蒡和大蒜一起煮烂，然后把生鲣节切碎，也加进去。

一般我会用培根，但今天我不太想吃肉，所以改用生鲣节。

然后把稍微煮过的螺旋意面放进去泡几小时，让它吸满汤汁。

在吃之前重新开火回温，这时就可以放入满满的滑菇了。

趁热浇上一点儿橄榄油，就可以开动了。

感觉像是在吃西洋风的水团[1]一样。

蔬菜各具风味，但味道最突出的还是滑菇。

我就像完全没生过病一样，吃了一大堆。

我把这道菜称作健康意面。

滑菇究竟为什么这么好吃呢？

我正沉浸在滑菇的美味余韵中，整个人都还有点儿恍惚。

1　一种日本乡土料理，由各种蔬菜、肉、面团等材料一起炖煮而成，类似中国的疙瘩汤。

再去资生堂甜品店　　　　11 月 21 日

11 点 50 分，我和拉拉约在银座山野乐器的乐谱卖场见面。

这顿午餐是用来庆祝拉拉升入高中的，只是因为疫情，一直拖到今天才吃上。

那个小小的拉拉，在这个春天成了高中生。

我很久没见过拉拉了，她把头发染成了蓝色，打了耳洞，看起来完全是个大人了。

那是九年前的事。

为了庆祝拉拉上小学，我带她在资生堂甜品店吃过一顿饭。

她妈妈把她带到地铁站前，之后就只有我们两人单独相处了。

那孩子应该是第一次和家人以外的人单独相处。

她自己看了看菜单，否决了我替她点儿童套餐的提议，她好像是点了汉堡肉吧?

那个时候拉拉的饭量很小，但她还是认真地用她小小的银质刀叉，一点儿一点儿地把一整份大人分量的汉堡肉吃完了。

中间服务员来了好几次，想把盘子撤走，但拉拉总说“我还要吃的”，然后真的一点儿也不剩地吃光了。

已经过去九年了，拉拉 15 岁了。

我问她，你想怎么庆祝高中升学？她说，想在资生堂甜品店吃饭。

拉拉在信件和邮件里，经常提到“还想去一次资生堂甜品店”。我想，那里对她来说可能真的是非常特别的地方。

这一点也让我很开心。

这次，一打开菜单，拉拉就决定好了：“我要吃牛排！”

她很喜欢吃肉。

拉拉一脸满足地吃着盐焗牛排。

她早在初中一年级的时候就定好了将来无论如何都想去的高中。

那之后，她的心意从未改变，直到今年春天，她如愿以偿了。

拉拉的成绩很好，她有很多可选的选项，但她还是坚定地选择了这所艺术系高中。

拉拉很小的时候就喜欢画画和做手工。

她现在还在学音乐。

那所高中的氛围非常开放自由，拉拉每天都乐在其中。

拉拉兴高采烈地不停分享着她的校园生活，什么到了万圣节大家全都会化装来上课啊，理科课上会教大家解剖猪的眼珠但她一点儿也不害怕，还有学校有50台钢琴之类的事。

她真的很厉害，完全按照自己的想法行动，始终如一地贯彻着自己的信念。

她的学校听起来就像德国的学校一样，我有点儿羡慕她，我也想在这样的学校里学习。

学校里的同学基本都是未来的艺术家，都是些有趣的人，每个人都在尽全力学习着自己喜欢的领域，向上生长，那幅景象令人心折。

我也吃了好久没吃过的大人芭菲，十分满足。

我特意把自己套餐里的甜品让给拉拉吃，就是为了专门点这个我喜欢的甜品。

这样做好像有点小孩子气，但这家资生堂甜品店里，我最爱吃的就是大人芭菲。

啊，这个巧克力的量真是令人满意。

其实这道甜品在菜单上的名字十分普通，就叫“迷你芭菲”，但我总是把它称作“大人芭菲”。

平时好好吃饭很重要，但我觉得，这种非日常的、特别值得纪念的回忆也真的很重要。

儿童餐厅当然也很好，但我总觉得，偶尔带孩子来这些平时没什么机会体验的、稍微有点儿豪华的地方吃一顿饭也不错。

我对拉拉说，吃完饭你有什么想去的地方，我可以带你去哦！结果反而是拉拉在手机上查好了换乘路线，带着我去玩了。

回到家，我和拉拉的妈妈通了信息，她说让我把和拉拉拍的照片发给她。

听说拉拉自己平时拍的照片会加很多后期，简直都看不出来是谁了。

真搞不懂现在的孩子。

但拉拉真的很可爱。

翻翻漫画　　　　　　　　　　11 月 26 日

三年前的今天，我的朋友缪斯塔西亚回归了宇宙。

两年前的今天，我在柏林认识的朋友小噼在伦敦的大和日英基金会举办了艺术家谈话活动。

一年前的今天，我想不起来我在做什么了。

多半是在驾校练车吧?

今天我去看了电影。

傍晚，我稍微提早了一点给百合音吃晚饭，然后一个人去车站前的拉面馆吃了一碗云吞面，吃完便坐上电车，出发去电影院。

我看的电影叫作《美国乌托邦》[1]。

电影的评分很高，内容果然也不错。

是一部很适合今天观看的电影。

我、缪斯塔西亚和小噼有个暗号，叫“Joyful”[2]。

我想，一定是缪斯塔西亚在遥远的地方不断地向我们传输着“高兴点儿”的信号吧。

所以，我决定把 11 月 26 日定为“Joyful 日”。

久违地看了场电影，感觉就像回到了还在柏林的那段日子。

前几天小噼给我发了邮件，用浓浓关西腔的文字感叹着，时间过得真快，就像“哗哗”地翻漫画一样，一页页画面飞驰而过。

应该是“沙沙”地翻书吧？压下内心的吐槽欲不提，这话我的确深有感触。

是啊，时间一点也不像一条延绵不绝的河流，反

1　由斯派克·李执导的电影 *David Byrne's American Utopia*，中文译名为《大卫·伯恩的美国乌托邦》。

2　意为“高兴的”。

而像是一个个事件串起来的珠串一样。

不过，关西那边会用“哗哗”来形容翻书吗?

关东这边都是叫“沙沙”的。

还是我自己的用法是错的?

好想见缪斯塔西亚啊，也想见小噼。

说起来，最近小噼有一句名言：

有朋友和动物，就足以生活下去。

我很认同这句话。

硬要说的话，我还希望加上“自然”。

有朋友、动物和自然，我就能生活得很幸福了。

两年前，我做了人生中的一个重大决定。

就像指南针摇摇晃晃、摇摇晃晃，终于指向了一个固定的方向一样，我的人生也终于找到了方向。

去伊豆大岛　　12 月 5 日

从调布机场坐螺旋桨飞机，嗖的一下就到了，全程 25 分钟。

我降落在了伊豆大岛。

我很喜欢这种短途的空中旅行。

上次是去八丈岛。

这次的目的地是伊豆大岛。

从天空中往地上看，房子、车子，看起来都像是玩具一样。

只有富士山依然高高耸立着，看起来漂亮极了。

小学六年级毕业时，我和母亲来过伊豆大岛。

那是我们母女二人的毕业纪念旅行。

那个时候还没有汽艇，要在船上住一晚上，我记得是第二天一大早到的岛上。

我们住进民宿，吃了顿早饭。

那个时候的早饭里有山茶天妇罗，母亲为此十分兴奋。

我突然想到，那个时候的母亲，年纪就和我现在差不多大吧，感觉有些不可思议。

昨天我登上了三原山，去看了火山口。

上次火山喷发是在 35 年前。

听说，三原山的喷发周期是在 35~40 年，也就是说下一次喷发可能就快来了。

大地将会完全被岩浆覆盖，这里的植物将全部死亡，然后再生。

也就是说，如今我所看到的这片风景，已经完全不是当年我与母亲一同看见的那样了。

我很清楚地记得，那个时候我一直缠着母亲，念叨着想去骑马。

那时三原山上有专门的观光用乘马，可以骑马上下山，我抱怨着难得来一趟，很想体验一下。

我猜，价格应该挺贵的。

母亲不太想让我骑，但最终还是没拧过我，就让我一个人去骑马了。

母亲在山下等我，我和母亲闹得稍微有些不愉快地分开了。

但是，骑马可怪吓人的。

虽然会有一位大叔牵着马，但是坡道很陡，马好像总站不稳似的。

我拼了命抱着马背，心里一直祈祷着赶紧到山下。

一边担忧着马会不会摔倒，一边在荒凉得像沙漠一样的山上默默前行。

我一点儿也不觉得开心，只是害怕得不得了。

差不多过了一小时，这恐怖的折磨终于结束了。回到原来的地方、看到母亲的那瞬间，我心里一松，不自觉地哭了出来。

现在我认真地反省着，那个时候的自己真是很任性，一点儿也没有考虑母亲的钱包问题。

我一边回忆着过去，一边爬着三原山。

天空很晴朗，风却很大，我感觉自己都快被风吹翻了。

而且真的很冷，一点儿也不夸张，我就像走在地狱里一样。

有好几次我都想着放弃算了，但考虑到这次和我一起出来玩的同事们的心情，放弃的话怎么也说不出口。

可能是受了凉，我好几年没犯过的头痛又剧烈地发作了。

富士山提供了唯一的安慰。

从伊豆大岛上可以清晰地眺望到海对面的富士山。

那美丽的景色诱惑着我，我的双腿一步一步地向前迈去。

听说，以前有人跳入三原山的火山口自杀，我想，有毅力爬到这里来的人，应该也能在地上的世界继续活下去吧。

要是换了我，面对这条艰难的路，一定爬到一半的时候就放弃、掉头下山去了。

晚上，我们三个女人一起去了当地的寿司店。

我们吃了一些用当地产的鱼做的手握寿司，然后就回了旅店，把臭鱼干烤了当点心吃。

我基本不挑食，只有臭鱼干我是真的吃不下去。

但是当地人好像很爱吃。

跟我一起来的两个人也是第一次吃。

她们俩好像还挺喜欢吃的，一边喝着岛上产的烧酒，一边嚼着臭鱼干，一直到夜很深了才散场。

伊豆大岛可能就是日本的夏威夷吧。

这里离东京很近，很适合没事做的时候来玩一下！

在浮波港吃早饭 12月6日

在伊豆大岛期间，我住的地方叫作“浮波”。

这个地名是“浮在波浪之上”的意思。

这个地区有天然的港口，位于岛南部，在昭和十年到二十年间，一度非常繁荣。

靠海生活的男人们在浮波港一掷千金，从不把钱留过夜。

港口旅店林立，游廊一间连着一间，那个时代也是日本地价最高的年代，这幅景象真令人惊讶。

那个时候鱼也更多，听说那时早上去港口就能看到遍地都是鱼。

从某个时期开始，能捕到的鱼一下子就变少了，而且随着造船技术的进步，一些船也不用再停靠在浮波港了。

这里的房子现在空了不少，常住居民大概只有450人。

晚上这里简直就像鬼城一样，四处都十分凋敝，人也很少，一个人都有点儿不敢在街上走。

即使如此，当地人依然努力想要恢复昔日的辉煌，一点点邀请年轻人搬过来，似乎在酝酿着新的风潮。

星期天早上，我去了一家很棒的咖啡馆，老板就是其中一个新搬来的年轻人。

这里正好是电视剧《东京放置食堂》[1] 的拍摄地，因此不断有客人被吸引前来。

这家咖啡馆给人的感觉很舒服。

那是当然啦，因为这家店是我的朋友井田设计的。

我点了份葡萄干面包和欧蕾咖啡，面包是用岛上

1　由片桐入主演的电视连续剧。

的黑矶作业所里生产的天然酵母做的。然后，我悠闲地享受着海岛上的周日早餐。

我蘸了满满的特制黄油，这种黄油是岛上的名产，是用岛上产的黄油和茶油混合制成的，咬一口是满满的幸福感。

咖啡馆的女店主是位极帅气的女性，从她的表情和动作就能看得出来，她一直认真工作，生活得很充实。

在这里待得太舒服了，我忍不住想多停留一会儿，就又点了一杯热巧克力充当点心。

只要我住的地方附近有一家这样的咖啡馆，我就可以长久地住下去。

下午我向店主打听到了岛上不少待得舒服的好地方。

阴天的海面极美，看得我心神荡漾。

这天晚上，我去了那位女店主告诉我的一家拉面馆。

实际上，浮波这里能吃晚饭的店特别少。

而且星期天很多店都关门了，一不留神可能就没饭吃了。

但去吃饭之前，我还是在旅馆附近的高林商店小酌了一杯。

从小孩子的零食到大人喝的酒，从明日叶[1]到厕所纸，这里什么都卖。店面深处有几个小小的座位，客人们可以在这里享用店里买的商品，吃吃喝喝，聊聊天。

我买了瓶精致可爱的山形果酒，又买了点芋头干，让店员热了热，充当了餐前酒。

真开心。

本来以为我吃不了多少芋头干，结果一不小心就把一袋子都吃光了。

酒是山形南阳市一家叫作“GRAPE REPUBLIC”的酒造出品的。用苹果和西洋梨酿制的起泡酒味道清爽且香醇，我一喝就停不下来。

1　一种植物，可作蔬菜食用，也可供药用，被人们视为健康食品。

我也向这里的店主打听了岛上的各种消息，比如空房子的情况等。

接着，我就去了拉面馆。

夜晚的路上一片漆黑。

只有星光闪烁着。

我先点了用岛上产的海苔和明日叶做成的凉拌小菜，犹豫了很久才选了店里主推的盐味岛海苔拉面。

这个选择很正确。

拉面汤是用贝壳煮的高汤，加入了岛上产的盐来调味，面也很好吃，而且里面加了超多岛海苔，碗里都快放不下了。

啊，真的好好吃。我一边念叨着，一边吸着面条。

我还和当地人聊了会儿天，才满意地离开了拉面馆。

回去时我选择了坐船。

我想，以后说不定可以来伊豆大岛养老呢。

毕竟这里离东京真的很近。

顺带说一下我个人很推荐的浮波港的店吧。

首先不得不提的还是“Hav Cafe”。

这家店只有周五、周六、周日营业，但是味道和店里的氛围都非常好，女店主人也很好。

同一条街上的“港鮨”这家店也很好吃。

用当地产的鱼做成的手握寿司，好像一份是 1950 日元[1] 吧？

如果想吃寿司的话，我很推荐这家店。

鹈鹕商店里可以吃到刚炸出来的美味的可乐饼、洋葱炸猪排。

听说当地人会一口气买上 100 个左右，用来送人什么的。

1　约人民币 90 元。

可以在店里喝酒的那家店叫作“高林商店”。

店里可以买到新鲜的明日叶和看起来很好吃的纺锤面包。

我吃拉面的那家店叫“近路”。

这里周日也营业。

味道也很棒!

臭鱼干爱好者　　12 月 14 日

打算带回家的伊豆大岛土特产，我选了臭鱼干。

人对臭鱼干的爱憎还真是很极端。

喜欢的人会特别特别喜欢，不喜欢的人碰都不会碰。

我身边喜欢臭鱼干的人还挺多的。

虽然我个人属于后者。

只要是卖土特产的店里，臭鱼干就是绝对的主角。

在本地人看来，臭鱼干和普通的鱼也没什么区别，他们会在旅馆里烤鱼干吃，拿着它回去的时候也不会专门装好放进包里。我也有点儿想像他们一样，但毕竟要坐公共交通，不得不考虑周围人的眼光，不，是鼻子。

所以我买了几块装在真空包装袋里的臭鱼干。

一口气多买点其实更划算，但我很担心打开包装会臭得不得了，所以还是选了一次性就能吃完的小包装。

我想收到的人也会觉得这样更好一些。

出于这些考虑，最后我选的是油渍臭鱼干。

那个状态一看就是手工做的，我不自觉地就出手了。制作方法好像是用岛上产的辣椒、大蒜、月桂叶、薄荷盐将橄榄油调好味，再把烤过的臭鱼干浸泡在油里。

嗯……不知道会是什么味道呢?

用这个和明日叶一起做成蒜香意面应该挺好吃吧。不过，明日叶可不好买，换成芝麻菜试试看好了。

时间过得可真快啊。

我不在家的时候，快递送到了，我打电话预约了重新配送，在输入“希望配送的日期”这一步时，却怎么都不成功。

明天不行再试试后天，后天也不行又试了试大后天，我重新输入好几个日子，都说不能预约。

这是为什么呢？我仔细想了半天，才发现我输入的都是11月的日期。

也就是说，我脑子里还觉得现在是11月呢。

所以，看见别人家门口的圣诞节装饰，我还吓了一跳，已经圣诞节了吗？

还有半个月，除夕的钟声就会敲响了。

师走月[1]还真是健步如飞啊。

今年的后半段都过得快极了。

1　日本旧历中的12月。

一阳来复 12月23日

冬至已经过了，今天开始，白天就会一点点变长。

今天早上的日出就让人切身体会到了这一点。

这几天我去泡澡回来的路上都能看见富士山，真开心。

昨天的浴池里放了柚子，漂浮在水面上的柚子看起来跟人的脑袋差不多大。

正好是两年前，我在拉脱维亚的乡下过了一个圣诞节。

听说，圣诞节是从自然崇拜的习俗中演变而来的，我恍然大悟。

的确，圣诞节的时间可以说刚好是庆祝太阳复活的时节，这一点和日本人的生活习惯也很贴近。

冬至和圣诞节挨得如此之近，这一定不是巧合。

冬至过去，日光一天天变得充足，我们将要庆祝这种喜悦，我想，圣诞节就是这么一个庆祝一阳来复的节日。

祝大家圣诞快乐！

粥店　　12月31日

除夕的早上，我煮了粥。

正好我的土锅上有了些裂缝，我顺便把它修补了一下，然后开始咕噜咕噜地煮粥。

煮粥时那股若隐若现的香气真是令人食指大动。

米和水的比例是1:6。

只用一点点米，就能煮出香浓的粥。

佐粥的小菜是昨天准备的牛蒡、金平炒莲藕、泡菜和碎纳豆。

我想把今年做的小菜尽量都在年内吃完。

一边煮粥，我一边在校对明年很快就要出版的《岁月的针脚》的文库本。

今年的年末正好是周五，我的最后一个工作日就是 31 号。

星期六开始休息，过完三天年再开始工作。

我工作得很快。

因为心情很好。

重读《岁月的针脚》，我回忆起了各种各样的往事。

我已经活了近半个世纪了，自然有很多回忆。

比起铺好的路面，我更喜欢在野外开车。

如果没有别的车的话，在弯弯曲曲的山间小路上开车是最快乐的事。

我时不时来往于厨房和书桌之间，抽空准备着年菜。

不做年菜的话，还是没有过年的感觉。

什锦拌菜、伊达卷、黑豆，还有沙丁鱼干、醋渍章鱼、干青鱼子等。

东一点儿，西一点儿，我在自己力所能及的范围内准备着。

什锦拌菜、伊达卷和沙丁鱼干的味道都做得不太好，但也没办法了。

不过，我到底什么时候才能把鱼糕切得很好呢？

我总是先把一整根切成两半，然后分别对半切一刀，再把四分之一段切成八块，但每次都切得厚薄不一，切面也是歪七竖八的。

鱼糕切得不均匀的话，味道总是会差一些。

厨房里的活儿都干完了，我开始今年最后的大扫除。

窗户不干净的话，心情也会有些沉郁，所以我用旧报纸擦了擦窗户。

旧报纸摩擦窗户发出“吱吱”的声音，听得我心情大好。

打扫干净厨房，我把过年的餐具都拿了出来，然后带着百合音去散了会儿步。现在，终于有时间坐下来喝口茶了。

桧原村的红茶，配上杏干和小骈从柏林寄来的马司板[1]。

去泡个澡消除一年的疲劳，晚上就吃鸡肉锅。

吃完过年荞麦面，今年一年就正式宣告结束了。

真快啊，感觉去年的除夕就像是一个月前的事一样。

各位，今年也辛苦了！

1　英语为“marzipan”，是一种用杏仁、糖和酒等材料制成的色彩鲜艳的小蛋糕。

NANCHATTE HOTTOSANDO by ITO OGAWA

Original Japanese edition published by GENTOSHA INC.

Chinese (in simplified character only) translation rights arranged with GENTOSHA INC. through BARDON CHINESE CREATIVE AGENCY LIMITED

湖北省版权局著作权合同登记号 图字：17–2024–056